마흔, 어떤 것도 틀리지 않았다

· 이 책에 실린 해당 저작물의 모든 내용은 저작권법에 따라 보호를 받는
(주)스노우폭스북스의 저작물이므로 무단 전재와 무단 복제를 금합니다.
· 이 책 내용의 전부 또는 일부를 사용하려면 반드시 출판사의 동의를 받아야 합니다.

김현주 지음

마흔,
어떤 것도
틀리지 않았다

세상은 바뀌었고 어른의 모습도 바뀌었다

프롤로그

마흔, 익숙함에 속기 좋은 나이

 나름 열심히 사십 년을 살았고 어쩌다 보니 삶의 중간 지점에 도착했다. 최선을 다했는데 좀 이상하다. 내가 열심히 살았다는 것을 아무도 모른다.
 사십 대라는 나이가 무색하도록 여기가 어딘지 어디쯤인지 잘 모르겠다. 꿈 많던 어린 시절엔 어른이 되면 세상의 중심에서 뭐라도 외칠 줄 알았다. 하지만 말이 많으면 책임도 많아져 사는 게 번잡스러워지고 나를 싫어하는 사람들도 많아진다는 것을 알게 되었다. 고집과 소신 앞에 조심성이 생기면서 화끈하게 새로운 도전은 무슨, 더 이상 망하지 않길 바라며 적당히 안정적인 선택을 하는 시기기도 하다. 그것이 옳다고 스스로에게 최면까지 걸 수 있다.

주변을 둘러보면 "난 아직 어른이 아니야" "결혼하고 아이를 낳으면 어른이 된다는 말은 다 틀린 말이야" 하며 손사래 치는 어른이 많다. 어른이 되고 싶지 않으면 안 되어도 되는 건가. 이 물음에 시원하게 대답해 줄 사람이 있기나 한가. 나도 문제다. 답을 말해 주면 믿을 만큼 순수할 수 있나. 또 그래도 되나.

세상에서 내가 제일 힘들고 내 삶만 유별난 줄 알았지만 이제 와 더듬어 보니 그저 무난하게 살아왔을지도 모르겠다. 사랑과 이별을 반복하며 웬만한 상처에는 무뎌졌어도 여전히 사랑을 잘 모르겠고 이별은 두렵다. 실속 없을 열정에 목숨 걸지 않는 어른이 되었다는 것을 쉬이 인정하면서 이제 세상을 조금 알 것 같으면서도 여전히 모르는 것들이 투성이다. 실패하고 상처받아도 툭툭 털고 일어나면 그만일 텐데 회복하는 힘을 잃은 채로 자꾸만 늘어지는 건 사십 년을 잘못 살아서가 아니길 소망한다.

대부분의 마흔은 나이만 먹은 마흔처럼 살고 있다. 사는 모습은 다양해졌다. 결혼을 했어도 혹은 하지 않았어도 아이가 있어도 혹은 없어도 이혼을 했더라도 여전히 연애만 하고 있어도 이상하지 않다. 주변에는 이제 돌 지난 아이를 키우는 친구도 있고 중학생이 된 아이를 키우는 친구도 있고 여전히 학교에서 공부하는 친구도 있다. 세상은 바뀌었고 마흔들은 달라졌다. 요즘 마흔은 사회적 시선에서 벗어나려 애쓰며 '나'를 기준으로 하여 훨씬 여러 가지 모습으로 자신의 삶을 살고 있는 듯하다.

어른이면 어떻고 또 아니면 어떤가. 분명한 건 마흔은 이제 조금 알 것 같은 시기라는 것이다. 마흔이 된 어른에게 '안다'는 건 단순히 이론적인 배움이 아니다. 배우고 외우고 시험 쳐서 알게 된 이론을 삶의 적절한 순간에 적용하고 직접 실천하여 내가 어떻게 행동할지 어떤 마음을 가질 지 함께 한 사람을 어떻게 대할지 예상 밖의 문제가 일어났을 때 어떻게 대응할지까지를 터득하고 있어야 하는 것이다. 오해하지 말라. 마흔이 되었다고 절대로 다 아는 건 아니다. 마흔은 세상만사 해결사로 나설 수 있는 완성된 어른이 아니라 이제 알기 시작했을 뿐이다.

사십 년 정도 살다 보니 오해하고 있는 것들이 꽤 많았다. 이해하려 노력하지 않았던 건 자존심 때문이었을까. 세상에 나와 있는 정답은 나에게 맞지 않는다는 것 또한 알게 되었는데 그만큼 잘 납득되지 않는다. 적어도 내 마음대로 마음

편하게 살고 싶다. 비록 틀렸더라도 마음껏 지르고 봐야 속이 시원하다. 이것 참, 이제 내 마음대로 살 수밖에 없다.

나이는 벌써 아니, 겨우 마흔일 뿐. 옳든 그르든 어쨌든 내 마음대로 살아야 살아 있음을 만끽할 수 있다.

김현주

CONTENTS

프롤로그   004

PART 1   '행복'은 별 게 아니야

삶에 꼭 필요한 것은	014
세상에 공짜란 없다	020
쉬이 행복해져라	025
유일하게 만만한 것	031
또 다른 대안	034
지금이 좋다	037
행복의 척도	042
내가 선택한 무기력	048
기적 따위 없어도 괜찮아	055
다정함이 만든 세상	060
과함의 조율	066
소소한 일상	070

PART 2   **'사랑'에 대한 몇 가지 훼방**

사랑 없이 살 수 있나	076
책임감이란 마음	081
철없던 사랑	086
고집과 아집	090
혼자서도 잘 살 수 있지만	097
자발적 독립	103
당당하게 마음 아파해 보길	109
어디에서 사랑을 찾나	113
그래서 결혼을 할까요	117
마흔의 이상형	121

PART 3   '미숙'한 어른의 세상살이

마흔 같지 않은 마흔	130
0층에서 40층으로	136
정말 중요한 건 변하지 않는다	141
내가 선택한 삶으로 살고 있나	147
부족함은 까먹어 주기	153
어른이 되어 만족하는 삶	159
나를 닮은 나의 삶	164
철이 든다는 것은	167
기분의 기본값	172
나이가 주는 자존감	176
외로움을 즐기는 어른	180
대한민국 마흔 적응기	186
좋은 어른이 되는 건 어려워	190
세상에서 유일한 것	194

PART 4   **'기록'이 가르쳐 준 마음**

기록의 이유	200
하찮은 평화	206
자기소개	213
내향인의 침묵	217
루틴	224
말을 아끼는 사람이 되어	228
성공의 존재	232
깔끔한 삶은 없다	236
행복과 작가의 상생	241
찌질한 이야기	247

에필로그   250

'행복'은 별 게 아니야

01 /

삶에 꼭 필요한 것은

 이십 대 초반, 내 전부는 빨간색 스포츠카였다. 첫 직장에 들어가 세 달 치 월급을 모아 중고차를 샀다. 비록 낡았지만 상관없었다. 처음으로 아늑한 나만의 공간을 가진 순간이었다.
 운전석은 나를 작은 어른으로 만들어 주었다. 혼자 노래를 듣고 혼잣말도 하고 시선의 방해 없이 내 모습을 관찰할 수 있는 은밀한 공간이었다. 직접 차를 몰고 출근해 돈을 버는 어른이 되었다는 사실에 가슴 벅찼다. 사는 게 황홀했고 못 할 일도 두려운 일도 없었다. 그 차를 타고 출퇴근하며 회사에 다니는 모든 시간이 행복이었다.
 하지만 비 내리던 어느 날 가드레일을 들이박았다. 길은 미끄러웠고 내 과실은 100%였다. 차는 처참히 부서졌고 엔진까지 밀려들어가 수리조차 불가능했다. 정비소는 폐차를 권했지만 차마 받아들이지 못했다. 내 행복의 전부였던 차를 포기할 수 없었다. 차라리 그럴 수 있었다면 좋았을 것이다. 내가 저지른 일이라 인정하고 마음을 접을 수 있었다면 훨씬 나았을 것이다.

 마음을 접는 게 무엇인지 몰랐다. 잘 보내 주는 것이 어떤 마음인지 마음이 서서히 흐릿해지는 것이 무엇인지 알지 못했다. 지금 생각해 보면 생전 처음 가지는 나만의 공간과 속도의 스릴에 취해 있었고 차를 대신해 삶의 만족감을 느끼게 해 줄 대체제가 없었던 것 같다. 그때의 내가 외로웠나 그 외로움을 인정할 수 없었나 하는 의구심도 든다. 주변의 만류를 뿌리치고 차 값 이상의 수리비를 지불하고 차를 고쳤다. 출차하던 날 수리 기사는 "분명 손님이 우겼고 저는 최선을 다해 고쳤으니 더 이상은 몰라요!" 하고 못 박았다.
 그 후 운전 중 고속도로에서 강한 핸들의 떨림 현상으로 또 사고가 날 뻔했고 그제서야 타고 다니던 빨간색 철통을 떠나보냈다. 그날부터 한 달 가까이 식음을 전폐하며 슬퍼했고 사는 이유를 잃었다.

그래도 회사는 계속 다녔고 몇 번의 연애를 반복했다. 차는 여전히 맹목적인 인생의 목표이자 행복의 목적, 타인과 내 삶을 비교했을 때 조금이라도 잘난 점을 드러내 주는 표식이었다. 그렇게 삼십 대 중반이 되었고 몸에는 나잇살과 주름이 자리 잡았다. 일상은 그럭저럭 매일 똑같이 살아지는데 뭔지 모를 회의감이 쌓였고 나에게 주는 보상이 절실해져 큰맘 먹고 차를 바꾸었다. 가계에 무리가 되긴 했지만 향후 삼 년 정도 생활비와 용돈을 아끼면 살 만하다는 계산이 나왔다. 남편은 딱히 반대하지 않았다. 아니면 관심이 없었거나. 차가 회사로 배달되던 날 다시 세상을 가진 기분이었다. 그렇게 매일매일 행복을 만끽하던 어느 날, 40개월 이상의 할부금을 남겨 두고 권고사직을 당했다.

자존심 상하고 창피했고 막막했다. 그동안의 잘난 척에 대한 대가인 건가. 남편에게 가장 부끄러웠고 어떻게 말해야 할지 고민이 되었다. 동등하게 생활비를 나누고 저축하던 경제적 동지를 외치던 내가 당장 생활비를 지급할 능력을 상실했으니 말이다. 이 사실을 남편에게 솔직하게 고백하던 밤 우리 집과 차 대출의 공동 채무자인 남편은 여전히 나의 비자발적 퇴사에 별다른 관심이 없었다. "그렇군" 정도 말하곤 하던 게임을 계속 이어 했다. 게임이 끝나고 나서야 방에서 나와 "그래도 괜찮아. 내가 먼저 잘렸어야 했는데 아쉽네" 하며 전혀 개의치 않아 했다.

그날 나는 삶에서 가장 큰 보상을 받았다. 삶에서 꼭 있어야 할 행복과 만족은 저축처럼 모아가는 것도 아니었고 머리를 맞대고 궁리하는 것도 아니었다. 소중하게 기억하고 이어온 마음들이 어느 날 서서히 폭발하는 것이었다. 우연 같지만 우연만은 아니고 노력 같지만 온전한 노력만은 아닌 그런 마음들이 폭발하는 순간이었다.

그날 이후로 차를 향한 맹목적인 욕심에 브레이크가 걸렸다. 행복의 기준과 사람을 보는 눈도 달라졌다. 회사에서 잘리면 끝난 줄 알았던 사회적 생명이 다시 시작될 수 있으리라 믿게 되었고 일상은 다시 시작되었다. 무엇보다 행복한 삶에 대한 품이 넓어졌고 관대해졌다. 사실 세상도 남편도 그대로였고 달라진 건 나 하나뿐이었다. 내가 달라져야 그제야 보이기 시작하는 것들이 있었다.

사랑하는 사람을 사랑하면서 또 그 사랑을 받으며 살다 보니 소망의 크기와 꿈의 질도 달라졌다. 구체적으로 자세해지면서 친밀해졌다. 꿈과 소망은 오히려 개인적인 것이었다. 내가 갈망하는 대로 추구하고 이루며 행동했다. 만족감과 행복감 역시 그러했다. 그저 평범하고도 좋은 엄마가 되고 싶었던 나는 마흔에 닿은 지금, 할머니가 되어서 아무 옷을 사 입고 싶다는 새로운 소망이 생겼다.

나이가 들수록 좋은 브랜드를 사 입어야 한다는데 난 그저 저렴한 옷을 다양하게 입는 게 더 좋았다. 명품 티셔츠보다 하얀 티셔츠를 깨끗하게 입는 게 더 좋았다. 다행히 발 사이즈는 240으로 대한민국 여성 평균이라 신발은 어디서든 쉽게 살 수 있다. 밤에 잠들기 전이나 아침에 눈을 뜰 때 엄마가 갑자기 생각나면 내 발을 240으로 낳아 주신 데 무한히 감사

드리곤 한다.

 비록 맹목적이고 무용한 소망일지라도 제대로 존중받을 때 비로소 자존감은 채워진다. 자존감이 무엇인지 그래서 자존감을 높이려면 무엇을 해야 하는지 연구하기보다 더 쉬운 방법은 욕심을 충분히 부려보고 인정받는 경험이었다. 누군가 나의 욕심을 진심으로 존중해 주고 그 욕심이 온전히 인정받는다면 내 삶에 갑자기 무슨 일이 생기더라도 쉽게 흔들리지 않을 것이다.

02 /

세상에 공짜란 없다

 행복해지기란 생각보다 쉽다. 폭신한 베개에 몸을 기댄 채 핸드폰을 열고 취향에 맞는 영상을 고르면 된다. 이미 알고리즘이 내 관심사를 정확히 짚어내어 추천해 주고 있을 테니 사실은 고를 필요도 없다. 기술의 발전은 손가락 한 번 움직이는 것으로 행복을 눈앞에 가져다주는 시대를 만들었다. 마음에 들지 않으면 곧바로 지나치면 된다. 대체 영상은 무궁무진하다. 눈으로 즐기는 행복은 즉각적이며 원할 때 쉽게 빠져나올 수도 있다. 피곤하거나 눈이 아프면 그저 핸드폰을 꺼버리면 된다. 간단하고 편리하다. 다만 그 순간 알고리즘이 내 취향을 파고들며 지갑까지 조금씩 열어가고 있다는 사실을 잊을 뿐이다.

 이상하게도 한참을 즐기고 나면 남는 것이 없다. 시간을 허비했다는 사실 말고는 기억에 남지 않는다. 식사하며 보았던 연애 프로그램이 그때는 괜찮은 '밥친구'가 되었지만 어떤 장면에 공감했고 무슨 생각을 했는지는 전혀 떠오르지 않는다. 애초에 큰 기대가 없었던 것일까 아니면 순간의 자극만 남고 본질은 사라진 것일까. 밥맛도 영상의 내용도 흐릿하다. 결국 내가 한 것은 무엇일까. 직접 경험하지 못한 것을 가성비 좋게 대리 체험했을 뿐, 끝내 묘한 허전함만이 남는다. 대리만족도 간접 경험도 식사와 함께한 영상도 결국은 내 것이 아니었다.

 사람은 몸과 마음으로 직접 부딪히는 경험을 통해서만 연륜이 깊어지고 성숙해진다. 간접 경험은 잠깐의 자극만 남길 뿐, 마음 깊은 곳에서의 울림이나 깨달음으로 오래 간직되기는 어렵다. 여행 콘텐츠를 보며 대리만족할 수는 있어도 실제 여행이 주는 충만함에는 미치지 못하는 이유도 여기에 있다. 아무리 사실에 기반하더라도 소설과 영화가 현실이 될 수 없는 것과 같다.

 우리는 삶의 모든 것을 다 경험하기엔 바쁘다 보니 직접과 간접의 경험 사이에서 끊임없이 선택한다. 그러나 간접을 택할수록 현실에서 점점 멀어진다. 알고리즘이 주는 자극적인 영상으로 시간을 때우는 간접 경험으로 현실 감각을 돌려막는다. 당장의 행복에 취해 지금을 소진시키고 나중에 얻을 성숙함마저 앞당겨 소멸시켜 버린다. 잠깐의 쉼이라 착각하며 시간을 허투루 쓰는 데 몰두하지만 그 사이 걱정과 불안이 가득한 현실은 외면당한다.

결국 잃는 것은 시간만이 아니다. 차분히 되새겨야 할 사유를 잃고 함께할 사람과 마음마저 빼앗긴다. 심지어 기억과 감정까지도 당기고 미루며 조절하고 싶어 하는 나약한 마음이 생겨나 오히려 불안하고 외로워진다. 그래서 차라리 혼자가 더 편하다고 느끼는 순간조차 찾아온다.

우리는 타인의 행복을 쉽게 여긴다. 그래서 연예인처럼, 저 사람처럼 되고 싶다는 욕심이 생긴다. 타인의 행복한 순간을 구경하기 좋은 세상에서 '행복한 사람'이라는 이름표를 얻기 위해 애쓰는 모습이 어딘가 이상하다. 순간적인 기쁨을 주지만 결과는 없고 현실은 쉽게 허무해진다.

다가가도 멀어져도 늘 갖고 있는 불안한 마음 탓에 나에겐 없는 '쉬운 행복'이 꼴 보기 싫어진다. 그럼에도 쉬운 행복을 얻는 그 순간만큼은 묘한 안정감이 따라오지만 도파민에 취한 행복은 금세 무뎌지고 오래 가지 못한다. 깊어지지도 않는다. 모두가 이런 행복만을 좇는다면 세상은 훨씬 더 기이해질 것이다. 손가락 하나로 얻는 행복은 쉽게 쾌락으로 바뀌고 쉽게 얻은 행복은 곧 싫증이 날 테다.

행복에는 반드시 이면이 있다. 행복하면 그만이라는 말은 맞지 않는다. 행복은 도착지나 완결이 아니다. 꿈, 희망, 삶의 의미와는 별개의 것이다. 지나고 나서야 알게 되는 좋았던 시절, 이미 떠나보낸 사랑, 다 주지 못한 마음과 아쉬움, 상처받던 진심 속에서 진짜 행복이 발견된다. 행복은 단일한 감정이 아니라 시절과 엮인 모든 마음을 품는다. 부족한 순간들을 받쳐 주며 내일을 살아갈 힘이 될 뿐, 그 자체로는 완결된 힘이 되지 않는다.

 대부분은 행복이 어렵다고 말한다. 그러나 행복하지 않다는 인식이야말로 행복을 향한 출발일 수 있다. '이제 좀 괜찮다' 하고 담담히 깨달을 때 비로소 행복을 느낄 수 있으니 말이다. 어떤 감정도 오래 지속되지는 않는다. 오히려 지속돼선 안 된다. 매일이 빈틈없이 행복하다면 그야말로 가장 바쁜 삶일 것이다. 축제가 날마다 이어진다면 나는 반나절 만에 도망가고 싶을 것 같다. 춤추고 노래하며 즐기는 사람보다 보이지 않는 곳에서 조용히 축제 준비를 돕는 삶이 덜 지칠 것 같다. 하루 종일 웃어야 한다는 삶을 상상해 보라. 벌써 진이 빠진다.
 그러니 행복은 절대 공짜가 아니다.

03 /

쉬이 행복해져라

 모두가 행복을 원하고 누구나 행복해야 한다는 데에는 이견이 없다. 어떻게 살아야 행복한지 정답은 없지만 사람은 그 존재 자체로 가치 있고 행복의 이유와 형태도 다양하다. 꿈을 이루고 취미를 즐기려는 도전은 더 쉬워졌고 시작점도 예전보다 빨라졌다.

 행복하다는 말을 자주 한다. '이 정도면 됐다' '충분하다'는 생각이 들면 자연스레 행복하다고 느끼고 습관처럼 말하다 신기했던 건 별생각 없이 내뱉은 그 말이 다른 사람에게는 '행복한 사람'으로 인식된다는 점이었다.

사람은 말을 내뱉을 때마다 마음을 준비하게 된다. 이렇다 저렇다 말하는 순간 지금을 인식한다. 좋아하는 사람에게 고백하면 마음이 더 커지는 것처럼 "행복해"라고 말하는 습관은 지금 살아 있음을 느끼게 한다. "너를 만나서 기뻐" "함께 있어서 즐거워"처럼 '지금'이라는 전제를 붙이면 행복하다는 말이 훨씬 쉽게 나온다.

사실 큰 의미 없이 시작했지만 행복하다고 말할수록 정말 더 행복해졌다. 말은 습관이 되고 습관은 기분을 바꾸었다. 결국 내가 그렇다고 말하면 어느새 그렇게 되는 것이다.

그래서 일 것이다. 행복해 보인다는 말도 자주 듣는다. 아마도 그저 자연스럽다는 의미일 것이다. 그때그때 크고 작은 걱정이야 있었겠지만 까먹는 순간도 많았고 어느 정도 대책을 세워 두었다. 그저 '지금' 기분이 좋다 정도, 걱정이 있더라도 친구의 수다에 집중할 수 있는 정도, 적당히 해결할 수 있는 문제, 사소한 일로 다퉈도 약속 없이 오늘 밤 만나 식탁 앞에서 김치찌개를 나눠 먹을 사람과 함께 살고 있다는 정도면 충분했다. 괜찮다는 마음이 가득하면 내일쯤은 버틸 힘이 생긴다.

최선을 다하자는 말엔 오해가 있다. 지금 가지고 있는 에너지를 모두 꺼내서 죽을 만큼 노력을 하란 뜻이 아니었다. 내

일의 안녕을 보장하지 못하는 최선은 금방 지치고 쓰러지게 한다. 피, 땀, 눈물을 흘리는 노력은 절체절명의 순간에만 해야 한다. 사람은 매일 그런 노력을 하며 살 수 없다. 스스로 알고 있는 능력 안에서 할 수 있는 만큼만 애써보란 의미다. 오늘 밤 약간 지친 상태로 편안하게 잠들 수 있는 정도, 내일 아침 가뿐하게 원하는 시간에 몸을 일으킬 수 있는 정도가 내가 할 수 있는 최선의 정도다.

가끔은 가만히 있는 것이 최선일 때도 있다. 나에게 맞는 최선이란 타인과 함께 공감하며 공동의 목표를 함께 해나갈 에너지를 적절히 배분하며 매일 정성을 쏟는 일이다. 내가 가진 모든 에너지를 한꺼번에 쏟아내는 것이 올바른 최선이 될 수 없다. 소진되면 내일의 행동력을 잃어버리게 되니 말이다. 타인에겐 보이지 않는 혹은 보여 줄 수 없는 노력도 많다. 노력할 수 있음이 얼마나 행복한 일인지는 진심으로 노력해 본 사람만이 안다.

행복하다고 말해야만 타인은 내가 행복한 줄 알았다. 마음을 표현하는 일은 나이 들수록 어려워지는 듯하지만 사실 알고 보면 단순한 일이다. 하고 나면 별일 아닌 사소하고 간단한 일이 된다. 느끼는 그대로 표현할 때 오는 시원함, 본능을 따라 솔직히 드러낼 때의 기쁨 그리고 그것을 이해하고 받아

주는 사람과 함께 나누는 행복은 삶을 한층 평온하게 해 준다. 지금의 감정과 감각을 존중하고 따뜻한 시선으로 바라보는 일, 말과 글, 표정과 행동으로 마음과 생각을 전하는 일은 함께 살아가기 위한 가장 기본이자 내 삶의 토대였다. 거짓만 아니라면 다른 조건은 필요 없었다.

 사실 우리는 나를 잘 표현하기 위해서 솔직해야 하고 생각을 정리해야 하며 그 속에 숨어 있는 마음을 알아야 한다는 것을 알고 있다. 다만 실행이 어려울 뿐이고 바쁜 현실 속에서 자주 인식하지 못할 뿐이다. 기쁨의 이면에는 언제나 슬픔이 있고 시간이 지나면 그 슬픔 속에서 다시 기쁨을 찾아 추억하는 게 사람이다. 불행했던 기억이 어느 날 먹먹한 행복으로 변하는 순간도 있고 어떤 사람을 미워했다가 다시 그리워하는 일렁임 속에서 삶의 든든함을 발견하기도 한다.

삶에는 언제나 나도 잘 모르는 지금의 내가 있다. 어떤 결과도 아직 정해지지 않은 채 그저 순간순간 선택과 고민을 이어가는 나만 있을 뿐이다. 사람들은 제각각의 이유로 불행을 말하지만 지금 이 순간 불행의 원인은 단 하나일 수 없다. 누구나 겪는 자연스러운 불행은 억지로 분석해 고치려 하기보다 사랑하는 사람과 치킨 한 조각 뜯으며 울다 보면 풀린다. 우는 모습을 보여도 창피하지 않을 사람이 곁에 있으면 더 좋다. 치킨까지 사 준다면 불행은 더 빨리 해결된다. 불행 앞에 맞서 싸우지 말 것, 울고 웃으며 힘듦을 털어낼 수 있는 사람과 함께할 것. 그러면 행복이 별거 아님을 알게 되고 삶은 훨씬 만만해진다.

나는 행복의 반대말은 없다고 생각한다. 행복은 모든 감정과 이어져 있다. 억지로 행복을 붙잡으려 한다면 그게 오히려 불행일 것이다. 불행을 피하는 것도 삶의 중요한 선택이다. 쉽게 행복해지고 불행을 피하려면 최소한 누구의 말도 우선하지 않아야한다. 중요한 선택일수록 내가 주도한다. 내가 기쁘면 기쁜 것이고 내가 슬프면 슬픈 것이다.

그리고 한 가지 더, 가끔은 도망가거나 까먹어야 끝나는 일도 있다. 걱정은 대부분 그렇다.

04 /

유일하게 만만한 것

 늘 쉽게 행복을 느껴 행복이 만만했다. 지금도 그렇다. 내 주제와 깜냥을 잘 알기에 쉽게 만족했고 무엇보다 지금까지 해 온 선택을 믿는다. 대단한 것을 바라지 않았고 남의 것을 탐내지 않았으니 설령 별일이 있어도 책임질 수 있으리라 여겼다. 내게 행복은 늘 쉽고 순하며 대단하지 않은 것이다. 지금 바로 이 자리에서 할 수 있는 만큼만 시작해도 늘 만족했고 좋아하는 일 앞에서 주저하지 않았다. 지금도 다르지 않다. 별일을 바라지 않고 내 앞에 주어진 일은 내가 책임진다.

 얼마 전 누군가 내게 "요즘 가장 재미있는 일이 뭐야?" 하고 물었다. 한참을 망설이는 나를 보며 그분은 단순하게 말하면 된다고 했지만 쉽게 대답이 나오지 않았다. 나는 '재미'라는 단어에 꼼꼼하다. 무엇이 가장 재미있냐 묻기 전에 꼭 재미가 있어야 사는 건가부터 생각했다. 등산이 재미있다는 사람은 정상에 도착했을 때만 즐겁지 않을 것이다. 전날 배낭을 싸고 도시락을 준비하는 시간, 오르막길을 오르며 흘리는 땀, 한계에 도전하는 순간 그리고 함께하는 사람들까지 모두 재미일 것이다. 공부가 지겨우면 여행을 떠나고 여행에 지치면 다시 산에 오르는 것처럼 삶 곳곳에 재미는 흩어져 있다.

최근 특히 재미있었던 하루가 있었다. 그날 나는 하루 종일 누워 있었다. 몸과 마음이 소진된 이유가 있었지만 남에게 말하기조차 민망하고 사소한 것들이었다. 글을 쓰러 나갈까 하다 이불을 덮고 거실에 드러누워 꼼짝하지 않고 TV 예능 프로그램을 봤다. 서로 장난치고 화내고 용서하며 웃는 모습이 좋아서 마음이 풀렸다. 그렇게 마음이 따뜻해지면서 하품이 나왔고 스르륵 낮잠에 빠졌다. 자다 깨다를 반복하며 다섯 시간쯤 잤을 것이다. 기운 없이 하루를 보내고 밤 열한 시가 넘어 본격적으로 잠자리에 들었는데 거짓말처럼 또 잠이 왔다. 그 안도감이란, 옆으로 돌아눕다 혼자 얼마나 우스웠는지 모른다. '그래도 나는 몸도 마음도 건강하구나, 내일은 이 건강한 몸으로 뭔가를 해야겠구나' 하며 잠들었다. 다음 날 아침, 기분은 그야말로 상쾌했다.

 쉬운 행복이란 지금의 몸과 마음의 컨디션이다. 몸과 마음이 편안하면 기쁘고 행복하지만 아프면 행복도 함께 아플 수 있다. 그럴 땐 왜 중요한 순간에 아프냐며 다그치지 말고 아픈 사람 대하듯 스스로를 보듬어 주면 된다. 억지로 쫓아가고 다그치기보다 그저 쉬게 두면 금세 회복력이 생겨 다시 힘을 내게 된다. 일상을 내 컨디션에 맞춰 바라보면 오히려 몸과 마음이 가벼워지고 현실을 보드랍게 바라볼 때 나 자신을 아끼는 기분이 든다. 지금을 알면 만족을 알고 만족하면 행복은 쉬워진다. 그렇게 반복된 행복은 잠깐의 불행도 쉽게 잊게 한다.

 행복은 멀리 있지 않다. 일상을 잘 보내는 일은 아주 작은 것에서 시작된다. 손끝과 발끝, 혀끝에 닿는 사소한 순간들이 출발점이다. 좋아하는 일을 꾸준히 하면 잘하게 되고 긍정적인 말을 자주 하면 그렇게 살아지기 마련이다. 작은 일을 반복해 성취가 쌓이면 목표는 조금씩 높아진다. 그렇게 쌓인 만족은 삶을 제법 재미있게 만든다. 하루하루 만족이 이어지면 삶은 한결 만만해지고 결국 소망이 닿는 날이 온다.

05/

또 다른 대안

 멀쩡히 잘 살고 있어도 사람은 또 다른 방법을 찾는다. 하나만으론 부족하고 대안이 없으면 불안하다. 직업이 하나뿐이라거나 친구가 단 한 명뿐이라거나 목표가 오직 하나라면 마음은 쉽게 흔들린다. 그 하나가 힘없이 무너지고 시대에 뒤처지면 어떻게 해야 하나. 몸은 여전히 하나인데 말이다. 차라리 직업은 2개, 친구는 3명, 삶도 2인분 아니, 3인분으로 살라고 누가 정해 준다면 몸은 더 바쁘겠지만 마음은 오히려 편할지도 모른다.
 잘살고 있어도 타인의 삶을 자꾸 기웃거리게 되고 쉽게 불안해진다. 가끔은 나조차 까먹는 내 노력을 그 누구도 알아

주지 않으니 말이다.

 행복한 삶을 살고 싶다. 그러나 행복 하나만으로는 삶을 채울 수 없다. 행복이 전부라 믿으면 금세 길을 잃는다. 삶에는 행복 말고도 기반이 되어 주는 다양한 감정이 있다. 긍정적인 마음은 물론이고 후회와 불안, 속상함, 슬픔, 분노와 좌절까지도 삶을 지탱하는 중요한 감정이다.

 만족하는 삶에 필요한 건 언제나 '최선'과 '최고'가 아니라 차선책이다. 마음의 대책, 감정의 대책이 있어야 한다. 행복과 함께할 수 있는 기쁨, 설렘, 기대감, 청량함, 평안함, 안정감 같은 긍정적인 마음들 그리고 불안과 좌절, 분노 같은 부정적인 마음들까지. 이 모든 감정을 인식하고 기록하며 균형을 이룰 때 결국 우리는 '행복하다'는 마음에 닿는다.

 내향적인 나는 놀이공원을 좋아하지 않는다. 비싼 돈을 내고 소리 지르며 땀을 흘리는 기쁨을 아직 이해하지 못한다. 그런데 작년 여름, 남편의 버킷리스트가 '전 세계 놀이공원 가 보기'라서 협조 차원으로 디즈니랜드에 갔다. 결혼했으니 양심적으로 해 줘야 할 일이라고 여겼다. 하지만 막상 들어가 보니 생각이 달라졌다. 환상의 세계에 사는 캐릭터들과 줄을 선 사람들, 열심히 놀고 있는 사람들의 얼굴을 보면서 이상한 감동을 받았다. 줄을 두 시간 넘게 서고도 행복하다고 말하는 사람들, 그 순수한 기쁨이 부러웠다.

좋아하는 일을 즐길 수 있다는 건 얼마나 큰 힘인가. 세상의 규칙 속에서 나의 일부가 어디에 맞춰 끼워져 있는지도 모르는 어른은 느끼기 힘든 행복일지도 모른다. 내일의 출근을 걱정한다면 그렇게 온 마음을 다해 놀 수 없을 것이다. 나는 다양한 자극에 지치면서도 또 순수한 열정에 힘을 받으며 하루를 보냈다. 밤늦게 퍼레이드까지 보고 나왔을 때 아이들이 맨발로 뛰어다녀도 될 만큼 바닥이 깨끗한 것도 놀라웠다. 아마도 좋아하는 공간을 아끼는 마음이 만든 결과일 것이다. 질서를 지키는 태도, 진심을 다해 즐기는 모습이 그곳 사람들을 더 행복하게 해 주고 있었다.

진심이 당연하다면 하나만으로도 괜찮지 않을까.
진심으로 즐겁게, 무엇보다 함께 웃으며 재미있게 살자. 우리.

06 /

지금이 좋다

 짧고 굵은 한 방의 짜릿함보다 느슨한 일상이 더 좋다. 일렬로 줄 서서 먹이를 옮겨 여왕개미에게 바치는 일개미처럼 사는 방식에 익숙했다. 친구 과제를 도와주면 그 친구가 더 높은 점수를 받기도 했고 내가 먼저 좋아했던 남자를 친구가 사귀기도 했다. 그런 순간에도 나는 "괜찮아"라고 말해야 직성이 풀렸다.
 마흔이 되니 억울함과 슬픔은 아주 작은 실패이자 먼지처럼 흐릿한 추억일 뿐이었다. 살다 보니 그보다 훨씬 크고 험한 상처들은 많았고 한때 세상이 끝난 듯 울게 만들었던 사람의 이름과 얼굴마저 잘 생각나지 않는다. 주저앉아 울고 있던 과거의 나를 지금의 눈으로 보면 그 눈물이 사소하게 느껴진다.

 많은 사람 속에 섞여 튀지 않게 서 있는 시간이 소란스럽지 않아 좋았고 숨은 듯 살다가 가끔 빼꼼 밖으로 고개를 내보이는 소심함도 나쁘지 않았다. 그 편안함 때문에 자꾸 평범해지려 노력했다. 그런 노력이 아무것도 이루어 주지 않았더라도 결국 지금의 나를 소상히 만족시켰다.

대단한 꿈을 꿔본 적이 없다. 원하는 것을 모두 가졌을 때 비로소 행복이 시작되는 건 아니었다. 아무것도 좇지 않았을 때 행복한 마음이 시작됐다. 삶의 어떤 순간에도 '시작'이라는 말도 '망했다'는 말도 우습다. 사는 건 꾸준한 진행형일 뿐이다. 성공했다고 믿는다고 해서 반드시 행복해지는 것도 아니다. 성공과 쟁취, 목적에는 마음이 없다. 성공하고 쟁취하고 목적을 달성하면 그때의 내 마음이 어떤지 다시 찾아 나서야 한다.

 '행복할 것'이라고 미래형으로 한정 짓는 허무맹랑함도 이상하고 '지금의 행복이 전부'라는 말 역시 옳지 않다. 건강한 몸과 마음에 작은 실패와 소소한 슬픔과 상처들이 잘 익고 여물어야 행복과 불행이 서로를 받쳐 주어 안녕한 삶을 유지할 수 있다. 건강한 몸과 마음이 있으면 행복과 불행을 조금 하찮게 보아도 사는 데 무방하다. 좀 덜 행복해도 잘 사는 데 지장 없다.

 어떤 일이든 마음을 든든하게 먹을 것, 마음이 허기질 땐 밥이라도 든든하게 먹을 것. 그러면 몸과 마음이 서로를 적절히 보완하며 그럭저럭 괜찮은 호기심이 발동하기 시작한다. 소망이 생겼을 때의 설렘, 소망을 이루어가는 과정에서 느끼는 자연스러운 즐거움과 행복. 그만큼 행복과 만족감, 사랑과 상처의 의미는 나이가 들고 상황이 달라질수록 변한다. 행복과 상처가 이어져 있음을 알게 될 때쯤이면 스스로를 다독일 힘이 생긴다.

있는 현실을 그대로 마주하고 좋아하는 일에 최선을 다하면서 주제 파악 하나는 자신 있는 나는 마흔의 지금이 참 좋다. 내가 걸어온 평범한 선택들이 쌓였고 내가 싫어하는 것이 무엇인지 알며 참을 만한 인내와 혐오의 경계도 안다. 우산을 챙겨야 할지 혹은 택시를 탈지 고민할 때 무엇을 감안하고 어떤 선택을 해야 하는지 안다. 경계해야 할 사람이나 내가 얼마나 버틸 수 있는지도 가늠할 수 있다. 오랫동안 만나온 사람들 속에서 살아가는 지금이 가장 평온하고 안정적인 시기다. 이 정도로 삶을 한정할 수 있음이 세상과 타인으로부터 나를 지켜 주는 보호막이 되어 마음을 편안하게 해 준다.

사십 년을 사니 알았다. 내게는 특별한 천운도 뛰어난 재능도 없다. 내 손길과 노력이 닿지 않은 시간은 없었고 오로지 몸과 마음으로 부딪치며 직접 일군 경험뿐이다. 그래서 때때로 혼자서 조금 우쭐해지기도 한다. 물론 나를 사랑해 주는 사람도 있지만 그들 역시 각자의 삶을 살아내느라 바빠 언젠가는 나를 외롭게 힐지도 모른다.

무엇을 어떻게 해야 최대한 효율적이고 근사하게 살아낼 수 있을지 더 괜찮고 좋은 어른이 될 수 있을지 나는 아직 잘 모르겠다. 다만 경험상 확실한 건 별다른 방법이 없다는 것이다. 지금처럼 성실하고 부지런히 살아가면서도 외로워지는 수밖에 없다. 언젠가 고독을 온전히 느끼게 될 날을 기대하며 내일을 기다려 보는 것뿐이다.

07 /

행복의 척도

하고 싶은 일을 얼마만큼 실현할 수 있는지에 따라 행복의 척도가 정해진다. 하나를 원할 때 그 하나를 이루면 완벽하게 행복할 테지만 열을 원하는데 하나를 얻으면 행복은 아주 미미하다. 쉽게 말해 원하는 소망들을 많이 이룰 능력이 있으면 더 많이 행복할 수 있다. 구매하고 싶은 것을 얼마나 구매할 수 있는지 시간을 얼마나 자유롭게 쓸 수 있는지 미래에 대한 보장이 되어 있는지. 그 정도에 따라 행복의 양과 질이 정해진다. 그래서 더 많이 구매하려 하고 더 자유로워지려 하고 미래를 예측하고 대비할 수 있는 사람이 되라고 한다.

조금 안타까운 건 누가 이렇게 말하고 있는지 그 출처가 불

분명하다는 것이다. 세상인지 부모님인지 앞으로 만날 나의 반려자인지 아니면 나 자신인지 알 수 없다. 어쨌든 세상은 나에게 정해진 행복으로 가라고 말한다.

이 공식에는 비밀이 있다. 가장 중요한 전제는 하고 싶은 일이 있을 것, 하고 싶은 일을 해낼 노력과 여력이 있을 것. 만약 원하는 것이 없고 노력도 안 한다면 행복의 결과 값은 0이 된다. 남에게 보여 주기 위한 행복이 온전한 행복인가에 대한 말이 많지만 그 모든 소망들 역시 내가 원하는 것을 드러내고 싶은 마음이다. 맹목적이고 비뚤어졌더라도 마음이 담겨 있다면 그것이 소망이다. 소망에는 귀천이 없다.

성숙한 사람일수록 행복해질 수단을 스스로 찾고 행복과 불행의 중간을 느낄 수 있다. 작게 피어난 행복을 오래 끌고 가고 작게 피어난 불행도 쉽게 알아차리고 대비한다. 스스로 행복해질 수단을 찾는 자기 지향적인 노력과 나를 행복하게 해 줄 사람을 기다리는 타인지향적인 바람은 엄연히 다르다. 스스로 찾은 행복이 조화롭게 버무려진 일상과 타인의 요구를 기반으로 보낸 하루는 만족감의 질과 깊이가 다르다.

시간과 능력이 한정적이라면 행복해지는 방법은 두 가지가 있다. 하고 싶은 일의 수를 줄이거나 이를 해결할 수 있는 능력을 키우면 된다. 무언가를 원하는 마음보다 이를 채울 수 있는 능력이 크면 삶의 만족도는 올라간다. 광고와 알고리즘의 홍수 속에서 욕심과 환상을 줄이기가 어렵다면 다양한 선택을 위한 능력치를 올리면 행복해질 수 있는 것이다. 욕망을 조절하기 어려운 사람에게는 쓸모없을지 모르겠으나 나의 욕망을 알고 마음을 달래고 조절할 줄 아는 사람들에게는 꽤 유용한 방법이며 잘 활용하면 사는 게 간단해진다. 불안하지 않을 방법은 여기에 있다.

 행복해질 수단은 널려 있으니 그 어떤 때보다 선택이 중요하다. 그런데 매 순간 선택은 연속이고 동시에 포기도 연속이다. 어차피 하나를 선택함과 동시에 그 이외는 포기하게 되는데 역으로 그 포기가 또 다른 시작이 되어 줄 때도 많다. 지금의 회사를 다니고 있으면 다른 회사를 포기하는 것이다. 지금 밥을 먹으면 빵을 포기하는 것이다. 이 친구를 만나면 다른 친구와의 만남을 포기하는 것이다.
 내가 포기한 게 무언지 일일이 곱씹지만 않아도 우리는 그럭저럭 행복하다. 성숙한 삶에는 보이지 않는 포기와 인내가 있다. 그러함에서 나는 포기가 나쁘다고 생각하지 않는다. 포기는 끝이 아니라 새로운 길이다. 단념은 시작과 맞닿아 있고 비움은 방향을 다듬어 삶을 이어가게 한다.

조금 우습게도 꿈과 계획, 의지도 없었던 나를 지탱해 준 건 자존심이었다. 법도 규칙도 나 자신조차 잘 모를 때 나를 지킬 수 있는 본능적인 기준은 자존심뿐이었다. 스무 살 무렵, 삶의 목적도 사는 요령도 없었지만 자존심은 있었다. 엄마에게 손 벌리는 것이, "엄마, 용돈 줘"라는 말이 그렇게 자존심 상했다. 매달 받는 용돈에도 이유를 찾지 못했다. 십만 원 '만' 달라고 해야 할지 아니면 십만 원 '이나' 달라고 해야 할지 아직도 잘 모르겠다. 부모님께 손 벌리는 삶이 싫어 고등학교 때부터 아르바이트를 시작했다. 자존심을 지키기 위해서였다.

나름의 목표, 삶의 목적 같은 것도 있었다. 지금 기쁘게 살기, 친구와 사이좋게 지내기, 아이스크림 한 통 다 먹기, 웃음이 끝날 때까지 웃기. 그렇게 감정에 충실한 하루살이처럼 살았다. 아침에 씩씩하게 일어나고 밤에는 푹 자는 하루. 하루치만큼만 최선을 다하며 성실하게 살았고 그 덕분에 하루살이치고는 오래오래 행복하게 잘 살아왔다.

가끔 이런 생각을 하며 스스로 묻는다. '이제 내가 어른이 된 것일까' 포기할 수 없음을 깨달을 때, 포기할 수 없다면 어떻게 해야 할지 고민할 때, 결국은 다시 꾸준히 성실하게 하는 수밖에 없다고 마음을 다잡을 때 행복하다. 고민이 생기면 일단 침대에 눕거나 푹신한 데 기대어 몸을 편하게 한다. 지금부터 걱정할 예정이라면 몸부터 편안해야 한다. 그것이 나 자신에 대한 예의다. 포기할 수 없는 소망은 방법을 찬찬히 생각해 보고 떠오르는 사소한 대안이라도 붙잡아 보며 스스로 해결하겠다고 다짐하면 그날 밤 편안히 잠들 수 있다.

 성공 하나에 행복 하나, 유효기간은 오직 그 순간뿐. 이렇게 셀 수 있고 계산할 수 있다고 생각하니 사는 게 더 숙제처럼 허무하다.
 마흔이 된 지금도 나는 자존감 높은 잘난 사람보다 자존심을 책임질 수 있는 어른이고 싶다.

08 /

내가 선택한 무기력

 아무리 생각해 봐도 나는 나 자신에게 가혹할 만큼 내향적인 인간이다. 애초에 이렇게 태어났으니 '가혹하다'는 말은 취소하겠다. 내향적이라는 이유로 슬퍼하거나 노여워한 적은 없다.

 늘 밝은 목소리 톤으로 웃으며 강의하는 내 모습을 본 사람들은 내가 내향형이라고 말하면 깜짝 놀라곤 한다. 그러나 그건 자본주의가 만들어 준 업무 기술, 계약된 말과 표정일 뿐이다. 나는 아침부터 꾸준히 에너지가 소진되어 가는 비루하고 나약한 체력과 정신을 가졌다. 처음 만나는 사람일수록 많은 노력이 필요하고 더 큰 용기가 필요하다. 출발도 하기 전에 지칠 때가 많은데 이럴 때는 나조차도 나 자신이 이해되지 않는다. 새로움에 대한 설렘보다는 "그래, 결심했어!" 하고 마음먹는 일에 가장 많은 힘을 쓴다.

 하루에 수업 두 개만 해도 벅차다. 외향적인 친구를 만나면 뇌가 반으로 쪼그라든다. 저녁 여덟 시에 술을 마시러 나가는 사람들의 정신력에 감탄하며 저녁 여섯 시 전에 집으로 향한다. 혼자 여행을 한 뒤에는 하루나 이틀 정도 혼자 쉬어야 비로소 쉼이 마무리된다. 일을 마치고 차에 앉아야만 "그래도 살아남았다"는 안도감을 느낀다. 집에 도착해서 불 꺼진 공간에서 꼼짝하지 않고 있을 때 오히려 편안하다. 약간의 외로움이 스며들 때조차 삶이 위태롭지 않다고 느낀다. 고요 속에서 혼자의 자유가 보장될 때 비로소 나만의 방식으로 충전되는 것이다. 바깥을 향했던 몸의 감각을 거두어들이며 타인과 함께 있을 때의 생각과 마음이 둔탁해짐을 느끼면서 오늘 하루도 수고했다고 스스로에게 말한다.

 가족과도 미세한 불편함이 있다. 아니, 어떤 때는 가족이 아니었으면 싶을 때도 있다. 세상에서 가장 사랑하는 사람들은 결국 가족이지만 어떤 사랑은 끊어졌다 이어졌다를 반복하면서 진짜 사랑이 되기도 한다. 나를 전부 아는 가족의 존재가 또 다른 구속이 될 수도 있다. 그래서 가족을 사랑하는 마음과는 별개로 내 안에 독립된 마음의 공간을 만들 수밖에 없었다. 아이러니하게도 가족이기에, 그 사랑이 깊기에 간극이 생기고 서로를 너무 잘 알기에 오해가 쌓인다. 가족에게도 내향성을 고집한다면 오래오래 함께 행복하기는 어려울 것이다.

회피하지 않고 맞서야 더 많은 기회가 생긴다는 것, 적극적인 사람에게 더 많은 행운이 따른다는 것을 모르는 게 아니다. 누구도 소극적으로 살라고 가르치지 않았다. 책에서도 늘 적극적으로 살라고 했다. 훌륭한 사람이 되어라, 성공하라, 돈 많이 벌어라는 조언들을 모아 급한 대로 사회성을 키웠다. 많은 사람 앞에 서야 할 땐 인기 있는 외향적인 사람들을 따라 했는데 그 때문에 에너지는 더 빨리 소진되었다. 나를 드러내는 일이 아니라 남을 따라 한다는 그 기웃거림이야말로 더 버거웠다. 매일 이어지는 약속 속에서 늘 마음이 바닥나 있었다. 몸과 마음은 좀비였다.

명확한 실패는 아니었지만 잘했다고도 말하기 어려운 그 시절, 내 표정은 웃지도 울지도 화내지도 찡그리지도 않은 그저 무언가로 덮인 듯한 표정이었다. 만약 그때 내향적인 나 자신을 더 솔직하게 내보이며 살았다면 지금보다 더 나은 삶을 살고 있을까. 어쨌든 결국 내향적인 나는 그렇게 가랑이가 찢어져 버렸다.

 내향적인 나의 특단의 조치. 집에 혼자 있을 때는 아무것도 하지 않고 누워만 있는다. 정말 아무것도 하지 않는다. 손가락조차 움직일 힘이 없어 휴대폰도 들지 않는다. 책을 읽는 건 더더욱 안 된다. 특히 소설은 불가능하다. 주인공에게 도무지 몰입할 수 없다. 그저 비스듬히 누워 이불을 덮고 눈만 깜빡일 뿐이다. 의식이 아니라 본능처럼 깜빡, 그렇게 잠시 잠들었다가 다시 눈을 떴다를 반복하다 보면 하루가 훌쩍 지나 있다. 한나절이나 가만히 있으면서도 왜 좀이 쑤시지 않고 심심하지도 않은지. 혹시 죽어 있던 건 아닌지 살아 있긴 했던 건지 의문이 든다.

 확실히 살아 있긴 했다. 그렇게 최선을 다해서 무기력하게 있다 보면 화장실에 가고 싶어진다. 그러면 인내심 없는 방광을 탓하기도 하고 불현듯 속상해지기도 하다가 아주 천천히 "이제 일어나 볼까" 하는 최소한의 힘이 생긴다.

 그럴 때 마음을 정돈하기 좋다. 아무것도 없는 무기력이 주는 해소는 공짜로 얻는 것이다. 그저 시간만 흘려보내면 된다.

  타인이 원인이 되는 무기력은 긍정적인 에너지를 빼앗아 가지만 스스로 선택한 무기력은 불행 에너지를 물리쳐 준다. 무의식적으로 글을 쓰듯 여러 장면이 스쳐 지나간다. 어제와 이어진 오늘, 자연스럽게 떠오르는 기억만 찬찬히 받아들이며 만났던 사람들의 표정을 떠올린다. 사람을 그 자체로 다시 기억한다. 몰려오는 장면을 받아들이고 흡수하며 머릿속 정리에 몰입하다 보면 혼란했던 마음에 다시 에너지가 채워진다. 사람들의 표정에 대한 기억만 정리해도 좋은 사람을 가려낼 수 있다. 해석해야 할 의미가 많을수록, 상처받은 기억이 많을수록, 이해할 수 없던 사람을 만날수록, 거칠고 강했던 태도를 경험할수록 이 과정은 오래 걸린다. 그리고 이 과정은 반드시 혼자일 때만 가능하다.

꾸준히 시도한 선택적 무기력 덕분에 나는 깨달았다. 나는 사회적 규칙에 순응해야 직성이 풀리고 거절보다는 부탁을 들어주며 약간의 손해에 기쁨을 느끼는 사람이다. 평생 극복하지 못할 '착한 사람 콤플렉스'를 품고 예의에 민감하며 눈치를 잘 보는 예민한 사람이다. 사람을 애정하지만 자극과 변화에 두려움이 많은 겁쟁이, 옳은 말을 시원하게 하지 못하는 멍청이지만 그렇게 사는 게 제법 행복한 조금은 이상한 사람이다. 사십 년을 살아보니 나는 그저 이 정도의 평범하고 조금 부족한 사람일 뿐이었다. 잘하는 것을 더 잘하고 못하는 것은 극복하면 더 잘 살 수 있겠지만 그건 두 사람이 함께 해야 가능한 몫일 것이다.

예민한 사람은 지금까지의 경험을 소중히 붙들 줄 알기에 가만히 있어도 마음을 쓴다. 가만히 있어도 지난 사람이 생각나고 그 생각만으로도 에너지가 새어 나간다. 옳고 그름, 문제와 해결, 방법론이 아니다. 그저 시간이 필요한 마음을 마중 나가고 익숙해져서 그 감정을 잘 배웅하는 일이다. 몸과 마음을 뉘여 지난 일과 다가올 일을 떠올리며 함께한 사람들에게 신경 쓰면서 살아 있음을 느낀다.

  내 기준은 조금 우습고 이기적일지 모른다. 하지만 나는 내가 더 다정하게 굴었으면 '내가 이겼다'고 생각한다. 잘 참았을 때 '잘했다'고 생각한다. 이것이야말로 정신 승리다. 나 자신을 이기는 일, 정신이 승리하는 일이 얼마나 나를 위한 일인지 알고 있다.

  내 성향을 거스르며 열심히 사는 사람일수록 변화를 인식하고 적응해야 한다는 압박을 느낄 것이다. 압박은 마치 나를 위하는 듯 몸과 정신을 조이는 붕대와 같다. 꽁꽁 묶인 채로 오히려 행복하다고 스스로 위로할 수도 있다. 앞으로도 나는 무엇 때문인지는 모르겠지만 어쨌든 정신이 이기기 위해 시간이 날 때마다 무기력을 선택할 것이다.

  내향적인 성질머리로도 세상에 섞여 함께 오래오래 건강하게 살고 싶다. 이 정도 노력하며 살아왔다면 무기력할 시간을 선택할 자격은 있지 않을까.

09/

기적 따위 없어도 괜찮아

 내 인생에서 지금까지 단 한 번도 기적은 일어나지 않았다. 인생을 책임져 주거나 성공하는 법을 알려 주는 사람은 나타나지 않았고 백마 탄 왕자도 노력 없는 행운도 운명적인 만남도 없었다. 손바닥처럼 뒤집듯 상처가 씻겨 내려간 마음의 기적도 일어나지 않았다. 운명적인 사랑을 꿈꾸긴 했지만 '로미오와 줄리엣' 같은 눈물겨운 결말을 맞은 적도 없었다. 일에서도 마찬가지였다. 내 업무까지 해결해 주는 상사는 없었고 현실에서 만난 친구와 지인들, 연인들은 사회에 적응하려 헛발질을 반복하는 나와 다르지 않은 평범한 사람들이었다. 맛

있는 것을 잔뜩 먹어도 살이 찌지 않는다거나 공부하지 않았는데 술술 이해되는 건 현실에 없었다. 전날 술을 마시면 다음 날 머리가 지독히 아팠고 내가 공부한 부분만 쏙쏙 나오는 시험 따윈 없었다. 준비한 시험은 붙기도 하고 떨어지기도 했다. 당연했고 마땅했다.

 모든 마음에는 대가가 있었고 나는 성실히 울고 웃으며 그에 합당한 대가를 치렀다. 오롯이 내가 한 선택들이었고 차근차근 되돌아보면 모두 나 자신과의 대화였다. 할 수 있는 만큼의 힘을 알고 비루하더라도 비슷한 노력을 습관처럼 반복하며 그저 하던 대로 꾸준히 해왔다. 부모님이 물려준 유일한 초능력이라 믿으며 그 속에서 현실적인 행복을 찾아내려고 애썼다. 가끔 뜻밖의 일이 일어나도 자세히 따져 보면 내 흔적이 묻어 있었고 모든 결과의 원인은 결국 나였다. 다만 설명하기 어려운 좋은 일들은 틈에 남아 있던 운과 소망과 노력이 어떻게든 이어져 준 것이라 짐작할 뿐이다.

 한편 삶이 행복하다고 말하는 사람들과 대화해 본 적이 있다. 그들은 **편안한 표정**(자랑인 줄 모르는 순수하고 진중한 얼굴로)으로 자신이 느끼는 행복을 구체적으로 이야기했다. 행복한 사람들의 말은 늘 구체적이고 가까운 것들에 닿아 있었다. 마치 손이 닿아 지금이라도 부드럽게 쥘 수 있을 듯한 일상, 바로 곁에 있는 사람 그리고 지금 내가 해낼 수 있는 능력들에 대해 말했다. 행복은 추상적이면 안 된다. 삶의 주체로서 스스로 존재감을 느끼려면 세상과 나 사이의 경계를 긋고 해야 할 일보다 하고 싶은 일을 하며 구체적으로 살아야 한다고 그들은 말한다. 작은 실패들을 부지런히 모아 삶을 안정시킨 사람들, 무엇을 해선 안 되는지 알면서도 자신만의 방식으로 삶을 가꿔 온 사람들에게는 세월을 담은 웃음과 미소가 있었다.

그런 사람들을 만나면 비록 내 나이가 더 많더라도 한없이 어려진 기분이 든다. 표정의 민낯을 부끄러워하지 않고 기분대로 표정 지어도 마음을 숨기려 애쓰지 않는 사람들, 나와 다른 생각을 끝까지 들어줄 줄 아는 사람들, 겉모습만 보고 평가하지 않는 사람들 앞에서 나는 그러하다.

앞뒤 재지 않고 감정에만 충실하면 선택은 빨라진다. 하지만 그런 선택은 금방 휘발되어 사라지고 돌아서면 달라진다. 사라진 감정은 아무것도 책임져 주지 않는다. 달라진 마음을 수습해야 하는 건 결국 나 자신이다. 감정적으로 산다는 건 마음대로 산다는 것과 다르다. 감정적인 대처는 즉각적으로 타인에게 나의 상태를 전달할 수 있지만 그만큼 상대도 나의 기분에 맞춰 나를 대하게 된다. 결국 인간관계는 내 눈치를 보는 감정적인 관계들로 가득 차게 된다. 금방 사라지고 마는 기분에 따라 형성된 인간관계는 오래도록 안녕할 수 없다.

 인연이 계속 이어졌다면 거기에는 분명 노력이 있었고 끊겼다면 그것 또한 나의 선택이었다. 성숙한 어른에게 인연이란 결국 사람을 기꺼이 책임지겠다는 스스로의 선택이다. 노력 없이, 다짐 없이 곁에 남아 주는 사람은 없다. 세상에 연락이 완전히 끊긴 사람이 어디 있겠는가. 다들 바쁘고 각자의 삶을 살고 있을 뿐이다. 그저 너무 오랜만이라 전화하기 망설여질 뿐. 지금 전화를 건다면 더 이상 연락이 끊긴 사이는 아닐 것이다.

 삶의 중간쯤에 와 있는 나의 마흔은 거북이처럼 천천히 우상향하는 중이다. 이 정도면 충분하다.
 그리고 계속 더 오래 살다 보면 누가 알겠는가. 아직 내게도 기적이 일어날 날들이 많이 남아 있을지.

10/

다정함이 만든 세상

행복할 일이 많아졌고 사방에는 재미있는 일이 넘쳐난다. 그런데 조금 이상하다. 그만큼 행복의 조건도 까다로워졌다.

'김현주 고객님, 생일을 진심으로 축하드립니다.'
얼마 전 내 생일에 가장 먼저 도착한 축하는 대기업의 광고였다. 개인정보 제공에 협조한 탓이기도 하지만 '너의 좁은 인간관계 때문'이라는 말을 들으면 할 말이 없다.
내 메신저에는 광고와 목적 있는 단톡방으로 가득하다. 핸드폰으로 하는 건 일 아니면 시간을 낭비하는 일뿐이고 메신저도 친구와 안부를 묻기보다는 비지니스 용도가 많다. 이게 다 나이 탓, 성격 탓, 바쁨 탓, 귀찮음 탓이다. 이유는 많지만 어쨌든 손가락 수다는 잘 하지 않는다. 프로필 사진을 클릭해 '밥은 먹었니, 기분은 어때?'라고 묻고 답하는 일이 성가시게 느껴진다. 읽어도 그만, 안 읽어도 그만인 메시지 알림은 어느새 800개쯤 쌓여 있다. 무미건조한 '축하합니다'라는 말이 빈말인지 진심인지는 차치하더라도 소비가 전제된 축하는 아닌가 싶었다. 첫 축하를 통해 '그동안 나는 이 기업에 얼마를 썼을까' 하는 생각까지 이어졌다. 고객으로 소비해야 성립하는 축하라니. 묘하게 마음이 이상했다. 아마 우리가 행복하지 못한 이유는 아주 가까이에 있는지도 모른다. 핸드폰을 들여다볼 때마다 재미와 신기함은 넘쳤지만 정작 행복하지 못했던 이유를. 마침내 찾은 것 같았지만 마음은 씁쓸했다.

사실 생일은 아이가 태어난 날이기 이전에 한 여성이 엄마가 되는 날이다. 나의 0번째 생일날, 할머니는 엄마에게 딸을 낳았다며 "고생했다"는 말 한마디도 하지 않았고 나를 안아 보지도 않았다고 했다. 아빠는 일하러 나가셨다. 이유도 필요 없는 그 시절의 낭연한 일이었나. 생일이 해마다 반복되고 철이 들면서 나는 생각했다. 혹시 내가 태어난 날에 진심으로 기뻐했던 사람은 엄마 한 사람뿐이었을까. 나야 젖이 모유였는지 분유였는지도 모르고 울면 먹이고 재워 주는 엄마와 아빠가 곁에 있었으니 괜찮았다. 다만 둘째였던 내가 태어나며 또 엄마가 된 그녀가 혹여 너무 슬펐진 않았을까 하는 마음이 자라났다. 지금은 딸을 선호하는 분위기라지만 그 시절의 엄마에게는 아무 소용이 없는 말이다.

  동생이 한창 취업을 준비하던 때 아빠는 정년을 앞두고 있었다. 칠십 년 가까운 인생에서 쉼도 취미도 없던 분이었다. 아빠의 사랑은 다정이나 친절이 아니라 엄격함으로 표현되었고 나는 철이 들어서야 깨달았다. 그의 삶은 일과 가정으로만 채워져 있었다. 아빠는 건강했기에 더 일하고 싶어 했고 동시에 그 마음을 아들에게 미안함으로 전했다. 자신의 근면함이 아들의 일자리를 빼앗는 건 아닌지 사회적으로 건재하길 바라는 소망과 근속의 자부심을 마음속에 지니면서도 늘 눈치를 보았다.

  사랑은 미안함과 이어져 있을 때 약해진다. 사랑하기 때문에, 사실은 사랑 때문임을 모르고 불쑥 튀어나온다. 하지만 그건 누구의 잘못도 아니다. 한 사람의 소망이 타인의 삶을 망칠 만큼 위대하지도 않으니 말이다. 미안함과 죄스러움은 불필요한 짐일 뿐이다. 그래서일까, 이런 속상한 마음들을 따뜻하게 붙들기 위해서라도 세상이 너무 많이 발전하지 않았으면 한다. 마음이 변하는 속도보다 더 느리게 흘렀으면 한다.

 마흔쯤 되면 본격적으로 주변에 성공한 사람들이 생겨나기 시작한다. 내가 알던 사람이 부자가 되어 나타나는 것은 어떤 영상이나 책 속에서 성공한 사람을 간접적으로 마주하는 것과는 다르다. 명품 옷과 가방을 들고 나타난 친구, 비싼 차를 타고 오는 친구. 이토록 드러나는 성공은 애석하게도 가까운 사람에게만 비교되는 게 아니다. 비교 대상이 따로 없어도 자연스럽게 분석되면서 상대적 박탈감은 한 사람, 두 사람을 넘어 친구, 엄친아, 세상 전부에 뭉텅이로 몰려온다. 벽은 없는데 세상 모든 사람에게 가로막히는 기분이라 할까.

 아무리 맛집이 많아도 나는 하루에 한 끼밖에 먹지 못한다. 맛을 기가 막히게 구분해 내는 사람도 아니다. 캐비아나 트러플 오일처럼 비싼 식재료보다 얼큰한 칼국수가 땡기는 날이 더 많다. 끼니를 챙겨 먹기보다 먹었던 음식이 다 소화된 후 조금씩 나눠 먹어야 속이 편하다. 탄수화물이 과하면 체해서 잠을 설친다. 아무리 맛있다 해도 줄을 서서 기다리는 시간이 소모적이라는 성향은 변하지 않았다. 줄을 서고 오랫동안 찾아 헤맨다고 해서 반드시 더 맛있게 먹을 수 있다는 보장도 없다. 살아 온 만큼 먹어 본 음식도 많고 입안에 넣자마자 혀끝을 사로잡는 새로운 맛을 느껴본 지는 오래다. 그럼에도 배가 고프거나 마음이 허할 때 뜨끈한 김치찌개가 그리운 건 순수하게 행복할 수 있었던 어린 시절 엄마가 끓여 주던 맛 때문이리라.

현실에 만족하는 사람들이 만드는 다정한 세상. 성공해서 잘 사는 사람이 아니라 잘 행복해하는 사람들과 함께하는 세상에서 나를 위해 최선을 다해 사는 삶. 있는 그대로의 나를 품어내고 지금의 내 모습을 만족하는 행복. 그것들을 위해 매일매일 노력하다 보면 세상이 발전하는 만큼 우리의 행복도 사랑도 기쁨도 고민도 추억도 그 자체로 소중해질 것이다. 지금 내가 가지고 있는 것들을 돌아보는 일, 그 안에서 만족을 찾는 일, 행복한 모습으로 낙인찍히기 위해 증명하려 들지 않는다면 오히려 우리의 행복이 상향평준화될 수 있지 않을까.

11 /

과함의 조율

 돌아보면 남들보다 조금 과하게 살아왔다. 하지만 깊은 생각도 지나친 열정도 좋았다. 지금도 여전히 소심하고 겁이 많지만 보이지 않게 묵묵히 노력하는 내가 좋다. 내 기준에서는 적당했으나 타인의 눈에는 과하게 보였을 수도 있다. 그래도 과하지만 나에겐 적절했다.
 비우고 덜어내며 가볍게 살아야 만족한다는 법칙을 따르지 않았다. 틀렸다 해도 직접 데어 보고 부끄러워도 펑펑 울어야 직성이 풀렸다. 웃고 싶으면 웃고 울고 싶으면 울고 소리치고 싶으면 글로 쏟아내며 그렇게 과함 속에서 만족을 찾아왔다. 만족은 스스로 찾아내야 하는 감정이다. 누구도 가르쳐 줄 수 없다. 결국은 내 삶에 맞는 사람들과 조율해 가야 하는 내 몫이다.

  화끈한 19금 영화보다 다큐멘터리를 볼 때 더 몰입이 된다. 무겁고 진중한 생각을 하는 시간이 즐거웠고 남들이 지루하다 말하는 순간이 내겐 기쁨이었다. 반보다 조금 더 채워져 있어야 안심할 수 있었다. 작은 힘으로 자주 노력해야 오래 할 수 있었다. 시작이 반이라는 말은 내겐 위로가 되지 않았다. 시작할 때는 변화가 두려웠고 그 이전에는 미련이 잔뜩 붙어 있었다. 반만 가진 것은 가지지 못한 것이었다. 남들보다 일찍 도착해야 마음이 편했고 약속 시간 전에 미리 가서 기다리는 습관으로 타인의 시간을 빼앗지 않았다는 사실에 큰 자부심을 느꼈다.

  회사를 다니면서 나는 기본기가 부족한 사람임을 절실히 알았다. 사회생활을 시작한 뒤에는 퇴근 후 공부하거나 학원을 다니며 부족함을 메워야 했다. 이곳저곳 불려 다니는 일은 나를 예민하게 했고 마음에 없는 말을 하지 못했다. 그래서 늘 약간은 과하게 준비해야 마음이 편했고 더 노력해야만 적당히 살 수 있었다. 주변 사람들은 보기만 해도 지친다며 왜 그렇게 열심히 사냐고 물었지만 그건 나만의 방식이었다. 모르니까 공부해야 했고 타고난 게 없으니까 이 정도는 해야 중간이라도 갈 수 있었다.

나만의 과함을 조율하기 위해 세상을 요약하는 눈을 키웠다. 나와 상관없는 일들은 단순 정보로 요약해 두고 나와 관련된 일은 해야 할 것과 굳이 하지 않아도 될 것으로 나눴다. 호기심도 요약했다. 기웃거리지 않고 에너지를 충전하기 위해 나 자신에 대한 호기심과 바깥 세상에 대한 호기심을 구분했다. 그렇게 궁금해 할 일을 스스로 정했다. 요약된 마음으로 하루를 살고 한 달을 보내고 십 년을 이어간다면 나는 어떤 일도 못 해낼 게 없다고 믿는다.

이 정도면 쉽게 행복할 준비가 된 것이다. 이 정도면 불행을 무시할 힘이 생긴다. 잘 살고 잘못 살고의 평가 말고 지금 필요한 것만 적당히 남아있다는 느낌, 이 정도면 충분하다는 확신이다. 가끔 어떤 기분인지 잘 모르겠을 때가 있는데 그건 경험하지 않아서이기도 하다. 과거의 내 모습을 생각해 보면서 또 글로 쓰면서 아직도 과거의 나를, 그때의 기분을 배운다. 나이를 먹은 후 조금 성숙해진 시선으로 그때의 나를 이해한다. 그리고 과거의 나처럼 행동하지 않겠다고 그 시간을 이해하는 사람이 되고자 다짐하면 나만의 삶의 지혜가 만들어지는 기분이다.

나는 늘 그 기분을 확인한다. 쓰레기라도 필요하다고 느끼면 사는 게 옳고 아무리 멋있고 대단한 사람도 나와 맞지 않다면 멀리하는 게 옳다. 진정한 행복이란 이 정도면 되었다는 만족감에서 시작하는데 이 정도면 되었다는 하루하루가 모이면 무르익어 성숙이 이루어지고 금방 행복에 닿을 수 있다.

행복을 느끼면서 과거를 돌아보는 게 훨씬 더 의미 있을 것이다. 세상에 사람이 사람을 사랑하는 마음만큼, 새로운 마음에 들떠 열심히 살아가는 것만큼 아름다운 건 없다.

12 /

소소한 일상

  오랜만에 쉬는 휴일, 집에서 하나의 영상을 보던 중이었다. 지금 내가 살고 있는 세상이 얼마나 별로인가에 대한 이야기였는데 택배 도착 문자 알림이 떴다. 눈동자만 힐끔 돌리며 잠시 생각했다. 어젯밤 분명 꼭 필요한 물건이라고 생각해 주문했는데 뭘 샀는지 기억나지 않았다. 정말 필요한 물건이었고 결제까지 했으니 내 집 현관문 앞에 와 있을 테다. 신중하게 고민했던 건 기억나는데 그래서 무엇을 샀는지 언제 쓰려고 했던 건지 얼마였는지는 까마득했다. 다시 영상으로 눈을 돌려 세상이 얼마나 별로인지의 배움을 이어갔다. 문제점만 냉정하게 꼬집던 영상은 이내 불편해지기 시작했고 허리가 아팠고 지겨웠다.

 일어나 현관문을 열어 택배 박스를 들고 거실로 들어왔다. 반팔 티셔츠 두 장과 양말 몇 개가 들어 있었다. 봄은 짧아지고 금방 더워질 것이지만 아직 아침, 저녁으론 쌀쌀했기에 당장 입을 옷은 아니었다. 별생각 없이 옷방 문을 열고 박스 그대로 밀어 넣었다. 조금 빠른 계절의 티셔츠와 양말은 그렇게 잊힐 것이다. 아마도 구매로 인해 느꼈던 행복은 결제창이 넘어가면서 끝난듯하다.

 사람들은 행복을 꿈꾼다. 행복을 좇는다고 말하기엔 너무도 실체가 없어 목표라는 말도 맞지 않다. 꿈을 꾼다는 표현이 오히려 적절하다. 내일의 행복, 미래의 행복을 꿈처럼 꾸면서 하루하루 버텨낸다. 행운을 곁들인 행복이라면 더 좋을 것 같다. 이미 지나간 행복에는 별 관심이 없다. 지금이 너무 빠듯하면 여유를 행복이라 착각하고 또 지지부진한 일상을 보내고 나면 바쁘게 사는 것이 사람답게 산다고 스스로를 연민하면서 막연히 여유를 갈망하는지도 모르겠다. 작고 소중한 행복은 이제 과거에 불과하며 크고 확실한 행복을 찾아 헤매고 있다. 더 구체적으로 나의 몸과 마음을 건사해 줄 행복, 지금의 나를 구원해 줄 행복. 앞으로 나이가 들어서도 혼자서도 아무렴 행복하게 지낼 수 있도록.

사람은 어제와 오늘 그리고 내일, 나아가 미래까지 이어서 산다. 과거와 현재 그리고 미래 역시 교묘하게 연결되어 있다. 미래의 내가 무슨 짓을 할지 도무지 알 수 없다. 과거 역시 그렇다. 과거의 내가 무슨 짓을 했는지 선했는지 민폐였는지 명확히 알 수 없다. 과거에 갇혀 살면 답답하고 미래만 좇는다면 지금을 즐기지 못한다. 과거와 오늘 그리고 미래의 균형을 맞춘다면 우리의 삶은 조금 달라지지 않을까.

마흔이 되고 보니 이제 조금 알 것 같다. 행복을 찾으려면 지금의 내 모습에 만족하고 나답게 살아야 한다. 시작은 언제나 준비 없이 맞이하게 되어 조금씩 틀어지기도 했고 그 안에서 예측할 수 없는 나를 알아갔다. 그리고 조금 알 것 같을 때 새로운 삶은 시작됐다.

일상의 소소한 행복은 경험에서 찾아내 스스로 특별하게 만드는 것이었다. 이미 알고 있고 가지고 있는 것일 수도 있다. 심지어 지금도 행복한지 모른다.
잠시 눈을 감고 생각해 보자. 당신은 당신이 생각하는 것보다 훨씬 행복한 사람이다.

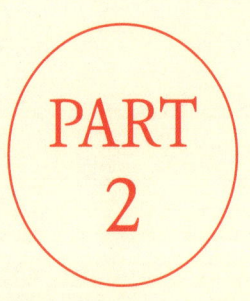

'사랑'에 대한 몇 가지 훼방

01 /

사랑 없이 살 수 있나

 사랑은 거부할 수 없으며 사랑을 하면 행복하다는 공식은 깨졌다. 사랑은 내 삶을 구원해 주지도 밥을 먹여 주지도 않았다.

 사십 년 동안 수많은 사람을 만나 마음을 주고받았다. 사랑과 이별을 반복했지만 여전히 그 사이에서 피어났던 마음들이 무엇이었는지 잘 모르겠다. 사랑인지 우정인지 의리인지 혹은 이도저도 아니었는지. 명확히 분류만 할 수 있어도 훨씬 수월할 텐데. 나는 여전히 사랑을 모르는 채로 누군가를 사랑하고 멀어진다. 분명 매번 진심이었고 마음을 다했으니 사랑이었다. 다만 매번 진실했다고 말하자니 양심이 찔린다. 현실의 연애는 우아한 여행이 아니라 서로의 몸과 마음 구석구석을 훑는 진부한 일상의 연장일 뿐이었다. 시절은 지나가고 사랑은 끝났고 머리와 가슴에 남은 추억과 기억이 얼마나 진짜였는지는 헷갈린다. 한때는 세상을 무너뜨릴 듯 가슴 저릿했던 순간도 이제는 희미하다. 내 가슴 하나 아프다고 세상이 무너지지 않는다는 것을 알게 되었으니까.

사랑은 결국 부질없다. 가슴만 아프며 나만 손해다. 사십 년을 살아도 내가 어떤 사람인지조차 모르는데 나를 알고 너를 알아야 완성할 수 있다는 사랑을 능숙하게 해낼 수 있었을 리가 없다.

아직 누구도 사랑을 명확히 정의하지 못했다. 있어 보이게 정의한 말들은 많지만 그 어떤 것도 나의 뜨거웠던 시절을 대신해 줄 순 없다. 그의 사랑과 나의 사랑은 다르다. 물론 내 사랑이 더 아름답고 특별하며 나의 이별이 더 아프다. 아무리 책을 찾아봐도 내가 했던 사랑과는 어긋났다. 모든 사람이 인정하는 사랑도 합격 도장 찍히는 사랑도 없었다.

그럼에도 분명한 건 사랑을 안 해 본 사람은 없다는 것이다. 사랑을 모른다고 진짜 사랑은 없다고 말하는 사람들조차 나름의 방식으로 마음을 주고받으며 시간을 함께 만든다.

모두 옳은 말이고 모두 조금씩 공감되는 사랑 이야기들이다. 사랑은 어렵고 힘들다지만, 살아 있는 한 우리는 사랑을 하고 싶어 하고 지금도 어떤 방식으로든 사랑을 진행 중이다. 결국 사랑 없이 사는 사람은 없고 진짜 사랑을 해 본 사람은 조금 다른 세상을 살아간다. 물론 그들의 세상은 훨씬 더 행복하다.

 이것저것 따지고 목적이 휘발된 사랑 말고 그때 오롯하게 쓰인 마음 말이다. 사랑은 마음을 쓰는 일이다. 마음은 써서 없애는 소모품이 아니라는 것을 알면 사랑은 점점 얕보이고 쉬워진다. 사랑은 오롯이 내가 느껴야 하는 감정이기에 그 누구도 대신할 수 없다. 많은 사람에게 인정받기보다 스스로 설득하는 다짐 같은 것, 소문보다는 비밀 같은 것, 최면 같은 것. 그래서 책이나 이론, 드라마에서 배운 사랑은 내 삶에 그대로 적용되지 않았다. 사랑과 이별의 반복은 '끝나면 그뿐'임을 알려 주었고 몇 번 이별해 봤다 해서 다음 이별이 덜 아픈 것도 아니었다. 마음을 추스르는 요령은 익혔지만 특별한 기술은 없었다. 이미 지나간 사랑은 늘 허망했다.

 시대가 달라져 이제는 일방적인 사랑은 성립되지 않는다. 두 마음의 기울기가 수평을 이루도록 섬세히 애쓰는 것, 그 능력이 사랑을 지키는 중요한 부분이 되었다. 나이가 들수록 '지갑은 열고 입은 닫아야 한다'는 말처럼 사랑도 단순히 솔직한 감정보다 그 사랑을 지킬 수 있음을 보여 주는 것일지도 모른다. 낭만보다 생계가 우선이었다. 생존 앞에 사랑 타령은 사치였다. 재미난 일들이 넘쳐나는 지금 사랑은 저절로 피어나는 감정이 아니라 여유가 생겨야 가능한 것이었다. 바쁘게 살다 보면 가장 쉽게 짓밟히는 게 마음이니까.

삶의 중심에서 한 번쯤은 확인해 보아야 한다.
나라는 사람이 사랑으로 얼마나 달라졌는지를.

02 /

책임감이란 마음

 이십 대에 연애를 시작했을 때 나는 그의 엄마가 되기를 자처했다. 밥은 먹었는지 컨디션은 괜찮은지 집에는 무사히 들어갔는지 저축은 얼마나 하고 있는지 묻고 또 챙겼다. 내가 사랑하는 만큼 그가 더 괜찮은 사람이 되기를 바랐다.
 사회생활을 시작할 즈음엔 내가 가진 사랑의 방식은 오로지 엄마에게 배운 것뿐이었다. 엄마가 나를 사랑하듯 나도 사람들을 듬뿍 사랑했다. 친구들에게도 마찬가지였다. 몸의 변화와 애인과의 약속으로만 사랑과 우정을 구분했을 뿐 특별히 다르다고 느끼지 못했다. 많이 사랑할수록 그가 편하길, 좋은 음식만 먹길, 돈을 아껴 쓰고 많은 사람에게 사랑받기를 바랐다. 당장은 힘들어도 내일은 건강하게 함께하고 싶었다. 엄마가 나를 키워 낸 방식 그대로 듣기 좋은 말보다 쓴소리도 해 주었다.

 돌이켜 보면 그 어린 사랑법은 모순적이고 어리석었다. 너무 투명해서 지금 생각하면 웃음이 날 정도다. 적어도 엄마가 아빠에게 주는 사랑을 따라 했다면 조금은 나았을지도 모르지만 엄마가 내게 주던 사랑을 그대로 답습했다. 남자친구들은 결국 "엄마 같은 여자는 매력 없어"라는 말과 함께 떠났고 나는 이십 년 동안 전쟁 같은 사랑과 이별을 반복했다.

 사랑은 물건처럼 주고받는 물물교환이 아니었다. 계산할 수도 없었고 이론처럼 단순하지도 않았다. 주는 사랑이 행복하다는 말도 받는 사랑을 해야 한다는 말도 들어맞지 않았다. 기분과 상황에 따라 달라졌고 때론 나도 이해할 수 없는 모습으로 흔들렸다. 결국 사랑은 사람마다 순간마다 달랐다. 우연과 타이밍, 첫눈에 반해 눈에 뵈는 게 없었던 날들도 많았다.
 방법이 있다면 돈을 내고라도 사고 싶었을 것이다. 하지만 휘청거리지 않으려면 정신을 붙잡는 수밖에 없었다. 사랑은 입 밖으로 내뱉는 순간 더 커졌고 그 말을 들은 사람을 책임져야 했다. 결국 나에게 돌아오는 마음을 돌보는 일이 사랑이었다. 핑퐁처럼 오가야 했지만 나 혼자 티키만 했던 잔소리는 사랑을 키우지 못했다. 사랑하려면 무엇보다 나를 알아야 했다. 주는 마음은 받는 마음의 모양과 크기가 달라져 다시 돌아왔고 그 마음을 돌보는 것이야말로 사랑의 본질이었다.

사랑이란 감정을 나의 경험에 빗대 고민해 볼 수 있는 나이가 마흔이다. 받아온 사랑을 헤아려 되돌려 줄 수 있는 사랑, 나를 위한 사랑과 나만의 방식으로 하는 사랑. 이런 것들을 알아야 비로소 오래 행복할 수 있다.

세월이 달라졌다 해도 뿌리 깊은 결혼관은 완전히 사라지지 않았다. 당당히 새로움을 외치는 이들 뒤에는 여전히 기존의 길을 따르는 다수가 있다. 사랑과 결혼이 자유라지만 실제로는 '학교-취업-연애-결혼-출산'의 공식을 벗어나기 어렵다. 인구 감소와 국가 존립을 뉴스에서 떠드는 요즘, 사회적 책임감으로부터도 완전히 자유롭지 못하다. 결혼과 출산이 삶의 완성인 양 이미 정해진 정답처럼 제시되지만 그 정답은 내 삶의 해답은 아니다. 혼자이고 싶은데 함께이고 싶고 함께이고 싶지만 전부를 내놓기 두려운 마음은 누구와 나눌 수 있을까.

　삶의 반을 타인에게 내주며 스스로 사랑할 자격이 있는 사람인가 자문하게 된다. 사람과의 만남이 점점 제약을 받으면서 마치 '연애·결혼 자격시험'을 통과해야 하는 시대처럼 느껴지기도 한다. 운전면허처럼 사랑 시험에 합격해야 연애하고 결혼 자격증이 있어야 결혼할 수 있다면 과연 더 행복할까.
　삶이 준 경험은 나의 배경지식이 되었고 간접 경험은 힌트 정도였다. 가성비 좋은 비법 같은 건 없다. 돌아갈 일은 돌아가고 고민할 일은 고민해야 한다. 불안해서가 아니라 현명한 선택을 위한 고민이라면 차분히 그러나 적극적으로 해야 한다.
　사랑도 마찬가지다. 사람과 사람 사이에 생기는 마음에는 분명 단계와 과정이 있다. 그 단계에 닿지 못한 사람은 떠날 수밖에 없다. 결국 직접 경험하며 마음의 변화를 다루는 수밖에 없었다.

  이제 철없음은 용납되지 않는다. 사랑한다는 이유로 모든 게 용서되던 시절도 끝났다. 함께 시간을 보낸다고 해서 자연스럽게 마음이 오간다고 믿는 건 착각이며 예의 없는 일이다. 마음을 주고받을 때에도 분명한 선이 필요하다. 독서 모임에서는 책만, 러닝 모임에서는 달리기만, 일로 만난 사람은 공적으로만 대해야 한다. 마음과 감정까지 공적이어야만 선을 넘지 않을 수 있는 시대다.
  아, 머리가 지끈거린다. 사랑 자체도 복잡한데 언제부터 사람을 만나는 일이 이렇게까지 제약투성이가 되었을까.

03 /

철없던 사랑

중학교 시절, 3명의 자매로 결성된 밴드가 있었다. 이름은 '한스밴드'. 교복을 입고 눈웃음 가득한 표정으로 노래하는 발랄한 여중생 가수였다. 〈선생님 사랑해요(1998)〉라는 데뷔곡으로 많은 사랑을 받았다. 최근 우연히 이 노래를 다시 들으며 만약 지금 데뷔했으면 큰일이 났겠다고 생각을 하고 심장을 쓸어내렸다.

그 시절 좋아하는 선생님이 있었다. 선생님을 사랑했다고는 하지만 그 마음은 너무도 순수하고 모자라서 '사랑'이라 부르기 애매했다. 웃으며 하찮다고 말할 수 있을 만큼 가볍고 좋아한다는 말조차 우스웠다. 하지만 아마도 이성에게 설렌다는 감정을 처음 느낀 순간이었을 것이다. 사회 과목 선생님이셨는데 수업 중에 웃는 모습을 보고 처음으로 '남자가 귀엽다'는 감정을 느꼈다. 무언지 모를 예민한 감각이 마음과 연결되면서 수업이 기다려졌고 가슴이 콩콩 뛰었다. 이 노래 가사처럼 '사랑이 왔다'까지는 아니었지만 분명 어색하고도 설레던 기억이다.

첫사랑 선생님께는 조금 미안한 말이지만 그때 나는 이미 H.O.T의 강타 와이프였다. 단짝 친구도 강타의 팬이라 둘 다 와이프였고 교환일기 마지막 장에는 내가 진짜 강타 와이프라고 쓰곤 했다. 강타가 내 거라며 서로 진지하게 우기며 노는 게 재미있었을 뿐 직접 찾아가거나 팬 활동을 열심히 한 건 아니었다. 내 사랑은 딱 그만큼이었다.

그 시절 우리의 마음속에는 언제나 '좋아하는 사람'이 있었다. 지금 생각하면 사랑이라기보다 동경, 존경, 설렘 혹은 우상이었지만 처음 느끼는 감정이라 더 강렬했다. 그래서 나름 진지했고 소중했다. 그 대상이 선생님이기도 했고 짧은 머리에 허스키한 목소리의 언니기도 했다. 당시 유행이던 사서함 통신으로 얼굴과 이름도 모르는 사람과 연애하는 친구도 있었다.

지금 생각해 보면 철없고 의미 없는 시간 낭비 같지만 사실은 감정의 단계를 밟아가며 나의 마음을 찾아가는 여정이었다. 사람을 좋아한다는 게 무슨 감정이고 어떤 기분인지 그 과정을 통해 배워가고 있는 것이다. 나의 마음을 직접 느껴 보고 감각해 봐야 나중에 휘몰아칠 사랑에도 대처할 수 있다.

피노키오에서 '사랑보다 먼 우정보다는 가까운 사이가 되기 싫어 떠난다'라는 구절이 있다. 애절함이 느껴지는 구절이지만 요즘 말로는 손절이라고 한다. 인간관계에서 STOP을 선언할 때 시원하게 차버리는 게 아니라 오래 고민하다가 서로를 위해 안녕을 말하는 건 결국 계산보다 마음에 집중했기 때문이다.

사랑과 우정은 많이 헷갈렸다. 경험이 부족하고 사랑이 서툴던 시절, 사람을 사람으로 보지 못하고 이성을 곧장 '남자'로 인식해 혼란스러울 때가 많았다. 내가 사랑하는 사람이 나를 사랑하지 않으면 세상이 무너지는 듯했고 사회 속에서 일과 우정, 사랑의 중요성을 뒤섞으며 그것들을 잃어가며 경계를 찾으려 몸과 마음을 부딪쳤다.

세상이 무너지는 듯한 이별을 반복해야 마음의 근육이 생겼다. 마음과 반대되는 말을 삼켜야 하는 순간, 죽어도 사랑한다는 말이 나오지 않는 경험을 통해 마음의 경계가 그어졌다. 주는 사랑과 받는 사랑, 자극적인 사랑과 편안한 사랑, 그 사이를 부딪치며 경험해 봐야 나에게 맞는 사랑을 알 수 있었다. 연애와 이별이 반복된다고 더 잘하게 되는 건 아니었지만 적어도 그 속에서 내 모습을 알게 되고 마음을 추스르는 방법을 조금은 터득할 수 있었다. 결국 내가 사랑하는 사람과 나와 맞는 사람, 모두에게 좋은 사람과 나에게 좋은 사람을 구분할 수 있게 되었고 사랑하고 싶은 사람과 우정하고 싶은 사람도 나눠 볼 수 있었다.

시대가 발달하면서부터 사랑의 크기를 재단하고 가성비로 마음을 구분해 취사선택할 수 있는 초능력이 요구된다. 애초에 사랑과 우정은 다르고 그에 맞는 선을 지켜야 한다는데 지금 세대에 맞게 사랑하고 우정하라면 나는 살아남을 자신이 없다. 이득이 없는 사랑은 더 이상 사랑이 아니며 사랑인지 우정인지 모를 소심한 감정은 확실히 구분하고 거절해 그 시간에 자기계발이나 스펙을 쌓는 게 더 현명하다고들 말한다.
 그런데 나는 좀 이상하다. 누군가를 사랑하기 시작하면 어쩔 수 없이 계속 사랑하게 되던데.

04 /

고집과 아집

사람은 나이가 들수록 새로움을 잘 받아들이지 않는다고 한다. 누구에게나 살아온 만큼의 세상이 있고 고집이 있다. 경험한 만큼 나만의 옳음이 쌓여 삶의 태도로 드러난다. 잘 다듬어지면 소신, 그대로 드러나면 고집, 반복되면 아집, 이미지로 고착되면 꼰대다.

틀려서가 아닌데도 나와 다른 사람들 사이에 있으면 괜히 고립된 듯 내 삶이 잘못된 기분이 든다. 비슷한 사람들이 많은 곳에 가면 평범하게 살았다고 느낄 수 있지만 나와 닮은 사람을 찾는 일은 쉽지 않다. 속내를 감추는 사람들 속에서 공감하고 동조하려면 몇 배의 에너지가 필요하다. 냉정과 열정을 함께 느끼려면 또 다른 에너지가 필요하다. 고집과 아집은 일상 속에 흔하니 아주 가끔씩만 감당해도 충분하다. 마흔쯤엔 남들 가진 것들은 웬만큼 다 있다. 소신, 고집, 아집, 꼰대력까지. 굳이 새로운 조직에 억지로 끼어 얄팍한 칭찬을 주고받으며 시간을 낭비하고 싶지 않다. 인간관계를 넓히고 싶지도 않다. 내 세상만으로도 삶은 이미 충분하다.

내 안에 이미 많은 것이 자리 잡았기에 바깥이 많아질수록 오히려 허약해졌다. 사람도 기술도 돈과 행운도 꿈과 성장도 모두 바깥에 있었다. 많은 사람을 안다는 건 내 안의 생각을 꺼내어 바깥에서 이해시키는 작업이다. 사람을 만나고 사랑할수록 말은 늘어나고 그 말들은 조금씩 보태져 나도 모르는 곳으로 퍼져 나간다. 조절하고 무시하고 손절하는 방법도 있지만 그 또한 마음이 쓰인다. 나를 너무 깊이 아는 사람도 부담스럽다. 어떤 날은 모른 체 떠드는 말에 상처받고 또 어떤 날은 나의 상처를 꼭 집어내는 정확함에 말문이 막힌다. 사랑이 담보된 관계라면 피할 수도 즐길 수도 없는 일이다.

마음이 꽉 차면 나만의 소신, 고집, 아집에 집중하게 되고 새로운 타인을 들이지 않게 된다. 멀어질 사람은 자연스럽게 멀어지고 결국 남을 사람만 남는다. 이왕이면 자세히 기억할 수 있도록 그 수는 몇 안 된다. 나만의 특별하고 조금은 이상했던 습관까지도 버릴 수는 없다.

주변에 나와는 다른 삶을 살아가는 사람들이 많아졌다. 삶의 모습이 아니라 옳고 그름의 기준이 달라졌다는 말이 더 맞다. 친구의 삶에 참견하지 않는 방식으로 존중을 전하고 뉴스를 보다가도 '나와 다르구나'를 감지하며 한 걸음, 한 걸음 타인의 삶에서 멀어진다. 나에게도 나만의 세계가 있고 타인에게도 그만의 세계가 있다. 내가 쌓아 온 기억조차 벅찬데 남의 세계를 온전히 받아들일 수 있겠는가.

마흔이 지난 나는 사람에 대한 애정과 호기심이 현저히 줄어들었다. 고집과 아집으로 똘똘 뭉친 중년의 한 사람으로서 이제는 직접적인 관심보다 적당한 외로움이 필요한 어른이 되어 있다. 외로움을 감추려 애쓰던 시절은 지났고 억지로 약속을 잡으며 분투하던 시간도 끝났다. 가장 사랑하는 이는 가족이고 슬픔은 참고 질문하면 대답하되 기쁨은 굳이 나누어 배로 만들고 싶지 않다. 느슨한 삶 속에서 오히려 행복을 느낀다. 사랑도 행복도 기쁨도 무해하게 제자리에서 천천히 늙어갈 뿐이다.

사람에게 받았던 그리고 내가 스스로 내었던 상처들에는 이제 딱지가 앉아 교훈이 되었고 차곡차곡 포장되어 각자의 자리에서 층을 이룬다. 두 손을 뒷짐 지고 질서에 맞춰 한 계단씩 오르듯 익숙한 공간에서 혼자 충전한다. 무엇이든 할 수 있는 자유보다 아무것도 하지 않을 자유를 선택하며 마음은 흘러내리지도 기울지도 않은 상태로 머물러 있다. 지금이 삶의 중심이라 믿으며 말이다.

가만히 생각해 보면 나의 청춘은 서른다섯 즈음 책을 쓰기 시작하면서부터다. 오래 묵혀 둔 기억을 글로 쓰며 상처를 토해 내고 스스로 위로하는 과정 속에서 청춘은 자리 잡혔다. 혐오했던 사람을 미워하는 마음으로 한정하며 안정감을 찾았고 그 덕분에 이해하며 보내 줄 수 있었다. 청춘은 지나 봐야 알 수 있고 노력해야 간직할 수 있는데 나에겐 그 노력이 글쓰기였다.

반짝이는 순간보다 빛바랜 기억 속에서 요동치지 않는 마음을 발견한 순간부터가 진짜 청춘 같았다. 이미 몸은 늙어 가지만 건강한 마음과 몸, 정신까지 챙기며 살아야겠다고 다짐했다.

글을 쓰지 않았다면 아마 이십 대 초반부터 삼십 대 초반까지를 청춘이라 여겼을 것이다. 가장 예쁘고 도도했으며 많은 사람을 만나 활발하고 바쁘게 살았다. 더 많은 사랑을 받기 위해 애쓰고 아니다 싶은 일에는 소신을 꺾지 않았다. 하고 싶은 말을 다 쏟아 내며 내가 원하는 방식대로 미래를 만들어 갔다. 그러나 이제 하이힐을 신고 몇 시간을 걸으면 며칠을 앓아눕고 표정에서 들통이 난다. 이제는 그렇게 무리하는 일은 더 이상 하지 않는다. 지금은 더 편안하게 오래 웃으며 순간을 예쁘게 기억한다.

이제야 말과 행동을 가리고 모든 사람에게 사랑받으려 애쓰지 않는다. 그때를 청춘이라 하기엔 헛되이 살았고 너무 쉽게 흔들렸다. 청춘이란 헛되이 흔들려야 하는 시절이고 적당히 흔들릴 때 아름답지만 뿌리조차 없었던 시절은 그저 철없이 산만했던 기억일 뿐이다.

그래도 사람 사이에는 마음과 사랑이 있지만 인간관계를 유지하기 위해 모든 선을 지키는 일은 어쩐지 서글프다. 지금은 지금답게, 사랑은 사랑답게, 나는 나답게, 너는 너답게 인정하며 적어도 '우리의 지금'을 받아들일 수 있는 성숙함을 자연스럽게 찾아가고 싶다. 조금 늦은 지금이 오히려 청춘처럼 느껴진다.

돌이켜 보면 사랑과 청춘 앞에서 마음을 다스리지 못해 엉엉 울었던 순간들이 오히려 가장 좋은 방법이었다. 요령 없이 사랑했던 기억이 지금의 내가 할 수 있는 만큼의 정도, 사랑의 한계를 알게 했다. 덕분에 사람의 마음을 더 깊이 들여다볼 수 있고 표정의 이유를 그 마음에서 찾을 수 있게 되었다. 무언가를 죽을 만큼 아껴본 기억은 지금을 소중히 다루게 하며 잔잔한 기억은 현실을 마땅하다 여기게 한다.

오늘도 사랑을 통해 배운다. 사람의 마음은 마음대로 되지 않는다는 것을 안다. 더 나아가 마음은 마음대로 되어서는 안 된다는 것을 안다. 세상에 당연한 마음은 없다. 그 사실을 뉘우치고 깨달으며 미안함과 고마움을 함께 배운다.

 마흔이 지난 지금도 나의 사랑이 활짝 웃을 수 있기를 바란다.

05 /

혼자서도 잘 살 수 있지만

 딱히 못 할 일은 이제 없다. 해를 서쪽에서 뜨게 하거나 하루아침에 세상을 뒤집는 신의 영역이 아니라면 먹고 싶은 것을 먹고 가고 싶은 곳에 가고 하고 싶은 일을 하며 사는 건 얼마든지 가능하다. 비행기를 예약하고 운전을 하고 뛰고 걸어서 원하는 공간으로 떠날 수 있다. 만나고 싶은 사람을 찾아가는 것도 어렵지 않다. 회사에서는 연차를 쓰거나 함께 일하는 사람에게 양해를 구해 업무를 조율할 수 있다. 통장에 적당한 돈도 있으니 허리띠를 졸라매고 조금만 무리하면 웬만한 일은 다 할 수 있다.

 굳이 무리할 이유가 없다. 무리하지 않아도 적당한 일상이 펼쳐지는데 굳이 일상을 흔들 만큼 힘을 쏟아야 할까. 어차피 뒤처리는 미래의 내가 감당할 일인데 해야 할 일이라면 애초부터 나눠서 정해진 대로 편하게 하면 된다. 괜히 부딪히고 힘을 빼는 일을 만들 필요는 없다.

사람은 누구에게나 자신만의 생활 반경과 습관이 있다. 명확한 근거나 당위성 없이도 사회적 규칙과는 조금 거리가 있는 '진짜 나의 모습'이 있다. 나만의 기분, 울컥하는 순간, 콤플렉스와 혐오가 그렇다.

아침에 일어나 샤워를 하고 출근해서 일하고 밥을 먹고 퇴근 후 잠드는 어느 날, 반복되는 일상 속에서 나는 기계가 된 것 같아 억울했다. 그런데 책 속 문장에 '다들 그렇게 산다'라는 말에 적잖은 위로를 받았다. '다 이렇게 살지 뭐, 별거 있나' 그렇게 또 하루가 흘러갔다.

그런데 또 어떤 날은 같은 말이 괜히 화가 났다. '거짓말 아냐? 사기 아니냐고. 다들 멀쩡히 잘 살아가는데 왜 나만 이렇지' 이런 날은 도무지 어디서 어떻게 위로를 받아야 할지 모르겠다. 나와 비슷한 패턴으로 일상을 살아가는 사람은 많겠지만 내 마음과 같은 결을 가진 사람은 없을 테니까. 마음의 결이 비슷하다는 것만으로도 얼마나 귀한 사람인데.

나는 '사는 게 참 그렇다'는 말을 좋아한다. 명확한 주어나 목적어 없이 툭 던진 혼잣말 같은 문장. 사람 사이의 이해와 용서, 오해와 배려가 적당히 뭉뚱그려져 있는 것 같아 오히려 상처를 잘 씻어 보내 준다. 사람 사는 냄새가 싫으면 콧구멍을 막아버리고 싶은 기분이 드는 것처럼 때로는 그 냄새마저 삶의 일부다. 어쩌면 의미 없는 상처와 위로를 반복하며 삶에 의미를 불어넣는 내가 이상한 사람일지도 모른다는 생각에 피식 웃음이 났다. 이럴 때 마음을 쏟을 대상이 있다면 그 시절처럼 사랑이 균일한 일상을 흔들어 정신이 번쩍 들지도 모른다.

사람의 성향은 쉽게 바뀌지 않는다. 오래된 습관을 고치려면 큰 사건이나 훈련이 필요하다. 그래서 사람은 변하지 않는다는 말이 통용되지만 모든 것을 단번에 바꿔버리는 유일한 방법이 있긴 하다. 바로 사람이다. 사람과 사람이 만나 사랑을 하면 삶은 달라진다.

너무 당연한 말 같지만 내 삶에는 내가 산다. 수많은 암묵적 계약과 관계 속에서 나는 내 시간을 분배하며 살아간다. 순간적인 선택과 마음의 크기에 따라 시간과 노력을 어디에 쓸지 결정한다. 사랑도 마찬가지다. 사랑의 크기대로 자신을 다 내주어선 안 된다. 상대의 삶을 대신 살아 줄 수 없듯 그 사람은 그 사람의 세계를 살아왔고 이제 내 세계에 들어온 것뿐이니 말이다.

 그럼에도 우리는 함께 산다. 산속이나 무인도에 고립하지 않는 이상, 돈을 벌고 사회에 나와 관계를 맺으며 사랑을 한다. 뉴스를 보면 세상이 망할 것 같고 예능을 보면 사람들은 혼자 살아야만 행복한 것 같지만 나는 여전히 주변 사람들과 함께 내 삶을 살아간다. 나이가 들수록 사람에 대한 경험이 쌓여 사랑을 대하는 마음은 더 진지해지고 삶으로까지 넓혀진다. 오래 함께할 사람과는 은은하게 사랑하며 그 안에 행복을 담고 싶다.

 살아보니 좋은 건 언제나 나쁜 것과 함께였고 누군가의 이익은 누군가의 손해로 돌아왔다. 운 좋게 얻은 것도 결국은 누군가의 빈자리 덕이었다. 숱한 현실적 경험이 내 삶이자 사랑이었다. 가볍게 사는 게 대세라 하지만 나는 자꾸 말이 무거워지는 어른이 되고 말았다. 가끔 분홍색 청바지나 미키마우스가 그려진 후드티를 입을 때 내 얼굴의 표정과 대비될까 잠시 고개를 떨구고 생각에 잠기곤 한다.

　혼자서도 살 수 있다. 심지어 잘 살 수도 있다. 배움이 필요할 때 사람보다 AI에게 물어보고 혼자 자료를 찾으며 원하는 것만 배우면서 그렇게 살아도 된다. 둘이서 괴롭게 사는 것보단 혼자서 외롭게 사는 게 더 나을 수도 있고 남들 하는 거 다 하지 않고 최소한으로 심플하고 행복하게 살 수 있다. 혼자 밥을 먹고 취미를 즐기고 여행을 떠나는 일처럼 즐기면서 사는 삶은 얼마나 소음이 없는가. 혼자서도 얼마든지 심심하지 않게 유행에 뒤처지지 않게 살 수 있다. 잠산의 행복을 느끼면서도 행복하게 잘 살 수 있다.

　하지만 이미 불안함을 허락해 버렸다. 혼자서 척척 잘 살지만 이상하게 자꾸만 곁눈질하게 되는 괴로움, 인간관계가 골치 아프면서도 혼자 동떨어진 이 외로움을 참을 수 없는 날이 올지도 모른다. 연결되고 싶어 하면서도 또 그렇게 연결되어서 풍부한데도 빈곤한 인간관계에서 혼란을 느낀다. 외로움 앞에서 느끼는 한없는 불안함은 분명 산란하다.

  요즘 오픈 채팅방(누구나 들어올 수 있도록 공개된 채팅방)에서 인간관계의 산만함을 배운다. 출판, 재테크, 독서 모임 관련 오픈 채팅방 몇 개에 참여하고 있다. 그 채팅방에 속한 사람을 안다고 말하기 애매하다. 사실 사람들이 모여 있다는 표현도 애매하다. 누군가는 법인으로 또 다른 사람들은 프로필이 없고 그저 귀여운 캐릭터들, 몇 개의 아이디들이 정렬되어 있을 뿐이다. 목소리도 이름도 성별도 알 수 없다. 그 아이디를 본 적 있다는 말과 그 사람을 안다는 말은 얼마나 다른가. 사람을 안다는 말도 이상하다. 얼굴을 알고 말투를 알고 성격을 아는 것이 기준일까? 닉네임만 알아도 그 사람을 아는 것 아닌가.
  우정과 인간관계의 기준이 헷갈린다. 그래서 외롭고 친구와 지인의 기준이 모호해서 마음을 둘 곳을 모르겠다. 프로필 사진과 이모티콘, 닉네임은 나에게 사람이 아니었다.
  사랑을 주고받고 싶은 나는 솔직히 혼자서는 잘 살 자신이 없다.

06/

자발적 독립

 아침에 눈을 뜨면 본능처럼 핸드폰을 찾는다. 실눈을 뜨고 시간을 확인한 뒤 지문을 입력해 내가 잠든 동안 달라졌을 세상에 잠시 접속한다. 관심사에 맞는 자극적인 기사 몇 개를 클릭하고 대충 훑은 뒤 자동으로 광고 몇 개를 소비하면서 하루가 시작된다.

 살면서 할 수 있는 선택이 너무 많아졌다. 의식적이든 무의식적이든 무엇을 선택했든 선택하지 않았든 결국 나는 스스로 소비를 선택한 셈이다.
 한 가지 일만 해서는 부족하고 한 가지만 믿는 건 불안하다.

전공을 공부하면서도 요즘 돈이 되는 시장을 들여다보고 회사를 다니면서도 이직을 알아본다. 부동산, 주식, 코인 투자라도 하지 않으면 뒤처질까 두려워 뭐든 손을 대본다. 한 가지 일만 붙들고 있으면 실속 없는 사람으로 분류되는 듯하다. 하나의 선택으로는 내 삶의 주인공이 될 수 없다. 차선과 대타 그리고 그 차선의 차선과 대타의 대타까지 준비해야만 마음이 든든해진다.

그러나 차선과 대타를 찾기 전에 필요한 건 따로 있다. 바로 '독립'이다. 삶의 형태는 다양해졌고 누구와 어떻게 사는지는 자유지만 독립은 마흔에 반드시 선택해야 할 과제다. 결혼을 했든 가족이 있든 자녀가 있든 삶의 중심을 바로 세우기 위해 한 번쯤은 반드시 해 봐야 한다.

독립에 대해 진지하게 고민해 볼 것, 몸과 마음을 모두 독립시킬 것, 스스로 살 수 있을 것 그리고 책임지고 싶은 것들을 끝까지 책임질 수 있을 것.

독립은 억지로가 아니라 자발적으로 이뤄질 때 비로소 삶의 결실이 된다. 스스로 독립을 선언했을 때만 앞으로의 삶을 혼자 살지 타인과 함께할지 선택할 수 있고 소신 있게 밀어붙일 수 있다. 불안한 마음으로 끊임없이 차선을 찾아 나서지 않기 위해서 꼭 지녀야 할 마음의 뿌리이자 근본이다.

누군가와 함께 살겠다는 선택은 부모님에게서 빠져나온 나의 세상에 어떤 사람을 초대할지 그 어두운 공간에서 기쁨과 슬픔의 순간을 기꺼이 함께할 수 있을지를 끊임없이 배려하며 사랑으로 함께 하는 일이다.

사랑은 단순히 뜨거운 감정이 아니다. '알콩달콩 서로 사랑하며 오래오래 행복하게 산다'의 문장에서는 산다는 뜻이 가장 중요하며 그다음은 서로, 그다음은 행복, 그다음은 사랑이다. 알콩달콩은 없어도 무관한 부사에 불과할 뿐, 함께 살아가는 일은 감정적으로 할 수 있는 일이 아니며 꼼꼼히 조건만을 따지고 하면 더더욱 안 된다. 사람을 들이는 일을 그렇게 깐깐하게 따지는 건 사실은 함께 살지 않겠다는 뜻과 같다.

전통적인 결혼관에 얽매인 것이 아닌 자발적으로 앞으로의 삶을 타인과 함께 살아가길 선택했다면 비로소 '결혼'에 대해서 진지하게 생각해 볼 수 있다. 가장 중요한 것은 타인과 함께 미래를 그리겠다는 스스로의 허락이다. 부모님의 행복한 모습을 보고 혹은 불행한 모습을 보고 결혼하겠다 혹은 하지 않겠다는 결정은 환상일 뿐이다. 행복한 모습을 보았으니 아름답다고 믿을 수밖에. 행복한 장면에는 아슬아슬한 불행이 숨겨져 있고 불행한 장면에는 이전에 그들이 미래를 그렸던 행복한 시절이 있다.

분명 알고 있었지만 막상 그때는 몰랐다. 독립도 결혼도 스스로 선택해야 했다. 내가 직접 선택해야 나 자신에게 온전히 허락받을 수 있었다. 결혼이라 하면 흔히 낭만적인 프로포즈, 즉 상대방의 허락을 생각하지만 나 자신의 허락도 선

행되어야 했다. 몸과 마음이 독립되어야 스스로 고민할 수 있었고 자발적으로 외로움을 선택할 수 있어야 나를 위한 선택을 할 수 있으며 사회에서도 자발적인 혼자가 될 수 있다.

 한 걸음 멀리 떨어져 나를 보자. 외로움으로부터 타인으로부터 잠시 빠져나와 돌아볼 때 수많은 선택 앞에서 정체성을 가질 수 있으며 그 모든 것들을 스스로 해결해 나간다는 고독함에 도달한다. 여유가 있을 때 다시 생각해 보면 인간관계가 힘들었던 것도 외로움에 서글펐던 것도 사랑에 상처받았던 이유도 독립되지 않아서인 듯하다. 의지하고 싶어서, 자꾸만 사랑을 확인하고 싶어서, 혼자서는 도무지 살아갈 자신이 없어서다.

 결혼이 미래의 평생을 건 도박이라면 독립은 과거의 나를 몽땅 걸고 치르는 가장 중요한 결판이다. 그 자발적인 선택으로 비로소 진짜 나의 삶이 시작된다. 고민이 된다면 끝까지 고민하고 잘 모르겠다면 계속 스스로에게 질문하고 결단했다면 성실히 따라야 한다. 나의 수고와 노력을 제대로 기억하며 내린 답이 있어야 외로움 앞에서도 자유로울 수 있다.

 자신의 노력을 하찮게 여기지 않을 때 살아 있음을 느낄 수 있다. 매 순간 최선을 다했고 성실히 살았다고 스스로 인정한다면 나는 나와 논다는 말을 실감할 수 있다. 그때 외로움은 더 이상 외로움이 아니다. 몸과 마음이 독립된 나를 위한 시간을 잘 활용하는 방법은 주어진 시간 안에 많은 일을 해내는 것이 아니라 스스로 내린 선택을 차분히 기억하고 다져 가는 일이다.

 누군가와 함께 살아간다는 것은 그의 곁에서 나 역시 자발적으로 그 사람의 타인이 되어 주는 일이다. 굳이 순서를 따지자면 먼저 상대를 존중하려는 마음이 필요하다. 자발적으로 외로움을 선택할 수 있고 나를 방어하면서도 타인의 삶을 받아들일 수 있다면 이미 좋은 삶을 살고 있는 것이다. 함께 만들어 가는 사랑은 그 후에 온다.

07 /

당당하게 마음 아파해 보길

 문득 샤워를 하다 깨달았다. 화가 났던 건 미워서가 아니라 좋아해서였다. 마지막 말은 하지 말았어야 했는데 내가 그렇게 인내심 없는 사람이었나 싶다. 빨간 립스틱과 핑크색 립스틱 중에서 고민하다가도 갑작스레 결국 그 사람이 잘되길 바랐음을 뒤늦게 알았다. 상처 주려는 말은 아니었는데 그 마음이 전해지지 않았을까 두렵다. 혹시 내가 아팠던 만큼 그 사람도 아팠을까. 왜 그렇게 못되게 굴었을까. 살다 보면 도통 이유를 알 수 없는 날이 있다

 사람은 지난 마음을 정의하며 자신을 찾아간다. 후회되는

날도 있지만 담담히 돌아볼 수 있다면 성숙은 내면에 차곡하게 쌓인다. 이것은 계산으로 해결되는 게 아니라 어느 날 문득 쌓여온 생각을 정리하다 알게 되는 이유다. 끔찍했던 기억 속에도 평범한 하루를 살던 내가 있었고 그것이 전부가 아니라는 것을 깨닫는 순간 마음이 편안해진다. 그제야 과거의 나를 믿을 수 있다.

뚜렷했던 감정이 지나가야 얇고 흐릿한 마음에 닿는다. 미치도록 사랑한 마음이 옅어지고 강렬했던 첫인상의 환상이 깨질 때 시야가 넓어진다. 그제야 그 사람의 삶과 마음이 보인다.

사는 데 반성문과 사과 편지는 꼭 필요하다. 마음을 정돈해 글을 써서 전하면 받은 마음도 더 다정하게 전해지기 때문이다. 사람의 마음은 표정과 말에서 그리고 온몸에서 드러난다. 말로 전하는 마음과 글로 전하는 마음은 다르다. 주는 마음도 받는 마음도 다르다. 목소리의 울림을 상상하며 받아들이는 섬세한 힘이 있다. 변한 마음을 전하는 일, 몰랐던 마음을 새로 전하는 일, 미련이나 후회까지 담아 이유와 함께 미안함과 고마움을 적어 보내는 일. 그것이 지금의 나를 부드럽게 하고 나를 위로한다. 물론 상대에게 닿으면 더 좋다. 몰랐다고 말하는 것, 하고 싶은 대화를 꺼내는 것, 잘못을 인정하는 것, 완벽하지 못함을 솔직히 고백하는 것. 그 모두가 삶에 필요한 겸손이며 타인에 대한 배려 그리고 새로운 시작이 된다.

 사람은 자꾸 궁금해져야 외롭지 않다. 누군가를 궁금해 하려면 그를 사랑해야 한다. 나도 한때는 무식하게 사랑해 본 적이 있다. 그런데 지금 와서 생각해 보니 뒤끝 없이 끝나는 사랑보다 구구절절 찌질한 사랑이 훨씬 더 귀하더라.

 이제는 받는 사랑보다 기꺼이 주는 사랑을 하고 싶다. 내 안에 사랑이 많이 쌓여서일까 아니면 사랑을 조금은 알게 되어서일까. 성숙하게 사랑하려면 배려하고 존중하며 소소한 다정함을 잊지 않아야 한다. 그 작은 표현들을 경험 속에서 돌아보고 다듬어가며 잔잔한 행복을 찾는 자질구레한 일을 해내야 한다. 그래야 오래 유지할 수 있는 마음이 된다.
 큰 사랑을 위해서는 작은 사랑이, 두꺼운 사랑을 위해서는 얇은 사랑이, 깊은 사랑을 위해서는 얕은 사랑이 바닥에 깔려야 한다. 뜨거운 사랑을 하려면 뜨겁게 이별해 봐야 하고 편안한 사랑을 하려면 아픈 사랑도 겪어야 한다. 그래야 사랑을 볼 수 있는 눈과 마음이 열린다.
 죽어도 이해할 수 없었던 일들에 이유를 찾고 스스로 납득하며 성숙해지는 것이 경험이 주는 지혜다. 그 방법은 결국 진심을 다해 직접 사랑하고 아파해 보는 것뿐이었다. 첫눈에 반해 화끈하게 시작했다가 쉽게 돌아서는 연애가 아니라 내 모든 것을 다 주고도 더 주지 못해 안타까울 만큼 간절히 사랑해 봐야 알 수 있었다. 그래야 내가 얼마나 행복하게 사랑할 수 있는 사람인지 낭만을 안고 살 수 있는 사람인지 알게 된다. '손해 보지 않겠다'는 자신감보다는 다 주고도 더 주지 못해 아쉬운 사랑을 해 본 사람이 지금 더 행복하다.

사랑에는 잘잘못도 손익도 정답도 없다. 결론이 아니라 내일을 함께 그려가는 약속이기 때문이다.

08

어디에서 사랑을 찾나

평생 사랑하며 살겠노라 다짐하고 사랑에 관심을 두고 살다 보니 정작 요즘 멜로 영화나 드라마에는 사랑이 없다는 생각이 든다. 남자 주인공은 늘 재벌에 멋지고 여자 주인공은 당차고 매력적이다. 그 둘은 사랑보다 중요한 것들이 많아 보이고 때로는 두 사람의 마음이 PPL에 밀리기도 한다.

콘텐츠가 변하듯 나도 변했다. 예전에는 설레고 열정적이며 매일이 특별한 날이길 바랐지만 이제는 곁에 있는 듯 없는 듯 나를 외롭지 않게 해 주는 묵직한 감정을 바란다. 일상의 사랑은 예전과 달라졌다. 싸움이 생겨도 그 일로 온통 신경이

빼앗겨 일이 손에 잡히지 않는 애절함 같은 건 없다. 당장 해야 할 일이 있으면 "나중에 보자"는 말로 미루고 밤에 다시 만나 배고프니 저녁밥을 먹다 보면 언제, 무엇 때문에 싸웠는지조차 잊는다. 정해진 시간에 자고 아침에 일어나야 먹고 살 수 있기 때문에 속상했던 감정을 자연스럽게 흘려보낼 수 있고 그 시간을 함께하는 사람을 떠올릴 때 드는 편안한 마음이 바로 사랑인지도 모른다고 착각한다. 결국 우리 둘만 아는 공간에서 서로를 향한 이해와 배려가 바로 사랑이 아닐까 싶다.

요즘은 연애를 하고 싶어 하는 친구에게 소개팅을 권하기보다는 차라리 연애 프로그램 출연을 권하는 경우가 많다. 가까운 곳에서 자연스러운 만남을 찾기보다는 방송에 나가서 누군가를 만나는 편이 오히려 더 현실적으로 보인다. 친구의 사랑을 응원하지만 직접 소개팅을 주선하는 건 부담스럽다. 친한 사람일수록 더욱 그렇다. 나에게 좋은 사람이 상대에게도 좋은 사람일지는 알 수 없고 남자가 보는 괜찮은 남자와 여자가 보는 괜찮은 남자는 다르기 때문에 그 기준을 모두 맞추기는 어렵다. 연애의 다음 단계가 결혼이라면 잣대는 더 까다로워질 수밖에 없다.

여러 사람을 한 번에 만나는 미팅은 이미 부담스럽고 소개팅 역시 시간과 돈, 감정을 써야 하는 기회비용이 크다. 그럼에도 불꽃이 튈지 알 수 없는 일이다. 그래서 많은 이들이 자연스러운 만남, 이른바 '자만추'를 외쳤다. 하지만 현실에서 자연스러운 만남은 대부분 스쳐 지나가는 인연일 뿐, 환상에 불과했다. 이상형이나 조건을 포기한다는 뜻도 아니었다. 그럼에도 요즘은 자만추에 대한 관심조차 시들해진 듯하다. 그렇다면 이제 사랑은 어디에서 시작된단 말인가.

생각해 보면 사람들이 자만추를 외치기 시작했을 때 연애와 결혼이 결코 쉽지 않다는 것을 알 수 있었다. 어쩌면 그것은 '내 사랑은 내가 알아서 할 테니 간섭하지 말라'는 무언의 부탁이었는지도 모른다. 이제 사랑은 어쩔 수 없는 선택지가 되어 버린 듯하다.

연애 프로그램을 보면 제한된 시간 안에 소수의 사람을 알아보고 결론을 내려야 한다. 그러나 그마저도 연출과 편집이 개입한다. 감독과 작가가 만들어 낸 방송 콘텐츠로 소비되는 이야기일 뿐이다. 시청률을 위한 이야기 속에서 우리가 진짜 사랑을 배울 수 있을까. 카메라 앞에서 오고 간 마음과 설렘, 지나고 나서야 알게 되는 사랑은 보이지 않는다.

그래서 멜로 영화가 사라지는 것일까. 하는 사랑마다 미치도록 힘드니 구구절절한 사랑 이야기는 오히려 환상적으로

만 다가온다. 사랑의 형태와 종류는 셀 수 없을 만큼 많지만 요즘은 연애를 할 수 있는 여유를 가진 사람, 결혼할 조건을 갖춘 사람이 정해져 있다. 모두가 비슷한 사랑을 원한다면 모든 멜로 영화는 재방송처럼 자기 복제에 불과할 수밖에 없다.

 그 사랑을 받아들일 수 있는 관객들이 두 시간 동안 한 편의 사랑 이야기를 즐길 여유가 없는 것일까. 영화의 서사 자체가 크게 달라졌다. 좀비들 사이에서 피어나는 사랑조차 좀비가 더 주목받고 범죄 한가운데서 잠깐 스쳐 가는 사랑조차 피와 칼에 묻혀 사라진다. 이제 사랑은 주인공이 아니라 조연일 뿐이다. 사랑의 시작과 진행은 본래 서툴고 일방적이며 지지부진하게 이어지면서도 가슴이 콩닥거리는 맛이 있는데 언제부턴가 인생은 한 방이니 폼나게 살아야 한다는 것이 대세가 되어 버렸다.

 그런데 사랑이 언제부터 내 마음대로 되었단 말인가. 사랑에 완성이 어디 있다고. 기억을 미화하는 천사의 편집도 힘겨운 이 험난한 세상에서, 악마의 편집만 가득한 세상에서 어떻게 진짜 사랑을 찾을 수 있겠는가. 사랑을 배우기 위해서라도 가까운 곳에서 직접 서툰 사랑을 해 보는 게 낫지 않겠는가.

09 /

그래서 결혼을 할까요

 사람이 살면서 속물의 최고점을 찍는 날이 언제인지 아는가? 바로 '결혼 전후'다. 결혼하기 전 수많은 계산과 셈은 결혼 후에도 이어지고 심지어 헤어지게 된다면 그때까지도 멈추지 않는다. 수입과 지출로 삶의 질을 꼼꼼히 재단하고 의무는 정확하고 동등하게 나눈다. 그 와중에 '사랑하는 사람과 결혼하라'는 말은 우습게 들린다. 사랑은 그저 마음을 조금 행복하게 해 주는 감정일 뿐인데 그 감정 하나로 결혼을 하라니. 사랑이 뭔지도 모르는데 사랑하는 사람과 결혼을 하라니.

결혼을 약속하는 순간 본격적으로 계산기가 가동된다. 마흔의 결혼이라면 더욱 그렇다. 사랑은 현실이고 결혼은 인생이다. 무모할 수 없다. 환상적이거나 동화 같은 사랑으로는 행복하게 살 수 없다는 것을 이제는 너무 잘 안다. 통장 잔고에 따라 미래의 안락과 행복의 질이 달라진다. 살 만큼 살았으니 어차피 속물이 된다. 가장 순진하게 해서는 안 되는 결정이 결혼이다. 알아낼 수 있는 건 최대한 알아내고 안심 도장을 찍은 사람과 미래를 시작해야 한다. 물론 언제든 헤어질 수 있다는 전제에서 말이다.

결혼 앞에 선 사람은 오히려 자신을 더 깊이 알아간다. 내 안에 이런 치밀함이 있었는지 스스로 놀라기도 한다. 약간의 노력만 기울이면 한 사람의 정보쯤은 쉽게 알 수 있다. 십 대에는 설레는 사람, 이십 대에는 재밌는 사람, 삼십 대에는 존경하는 사람을 원했다면 결혼할 때는 이 모든 것을 가능하게 해 줄 사람을 원한다. 결혼은 결혼식이라는 화려한 관문을 손잡고 지나간 뒤 나의 부족함을 상대가 메워야 하는 의리 게임 같은 일이다.

가족이 인간관계의 일부라면 배우자는 내 삶의 인간관계 '끝판왕'이 된다. 결혼은 그 끝판왕과 손잡고 맞이하는 새로운 인생의 시작이다. 무수한 타협의 서막이 열리는 문이다.

태어난 대로 자라 교육 속에서 키운 재능을 바탕으로 살아온 삶을 마무리하고 내가 선택한 사람과 그동안 이룬 자산을 합쳐 더 많은 합의를 이루며 살아가는 것. 결국 결혼은 경제적, 육체적, 정신적 독립의 또 다른 이름이다. 흔히 결혼을 나만의 삶을 끝내는 일이라 말하지만 사실은 부모님으로부터 독립해 '내가 선택한 사람과 함께 만들어 가는 나의 삶'을 시작하는 지점이다. 끝이 아니라 시작이라는 개념에 집중할 필요가 있다.

결혼은 과거가 아니라 미래다. 지금의 사랑을 함께 변화시켜 나가겠다는 기대, 서로의 감정을 성숙하게 발전시키겠다는 다짐, 지금까지의 말과 행동보다 앞으로 잘 만들어 갈 수 있다는 신뢰가 그 어떤 계산보다 중요하다. 과거의 나를 고집하기보다 함께 만든 미래를 그릴 때 그곳에 아직 다가오지 않은 행복이 기다린다. 결혼은 절대로 영혼까지 끌어모아 힘차게 찬 공의 골인 지점이 아니다. 함께 살아갈 삶의 재미를 고민하는 성숙한 출발점이며 누구와 어떻게 영혼을 나눌지 어떤 발로 공을 찰지 내 힘은 얼마나 되는지를 알아가는 시작일 뿐이다. 결국 결혼은 지금까지 알고 있는 내 모습을 기반으로 사랑하는 사람을 배워가며 직시해야 할 현실이고 성실히 살아갈 오늘이자 평범한 내일이다.

둘이 같은 속도로 삶을 흘려보내며 함께 있다는 마음, 함께 살고 있다는 마음만으로도 두 사람만의 신뢰가 만들어진다. 함께 소망을 이루고 함께 이룬 것들은 세상 그 무엇과도 바꿀 수 없는 우리만의 행복이다. 나누는 사랑은 의무감이나 미래를 보장하는 보험이 아니라 오직 내가 알고 느낄 수 있는 감정적 자극이다.

나에게 결혼은 엑셀로 분석한 데이터도 계산기로 두드린 정확한 결과 값도 아니었다. 한 사람을 사랑했고 그 사랑이 삶의 방향이 되어 서로의 발걸음을 맞추었다. 그 과정에서 내가 꿈꾸던 사랑의 정의가 바뀌었고 세월만큼 나도 변했다. 아마 남편도 자신의 삶을 내게 맞추었을 것이다. 옳았는지 글렀는지. 그 진실은 나도 남편도 시간조차 알지 못한다.

그래서 어떤 사람과 결혼해야 한다고 말하지 않겠다. 세상에 이미 수많은 대답이 있고 굳이 더 보탤 필요도 없다. 속도를 맞추어 갈 수 있는 사람은 결국 당신이 가장 잘 안다.

아, 혹시 결혼을 해야 하냐고 묻는다면? 나의 대답은 단호하다. 물론, 그럼요!

10/

마흔의 이상형

  사십 년 동안 나는 이상형에 맞는 사람들을 만나왔다. 나를 좋아해 주는 사람보다는 내가 좋아하는 사람을 선택했고 그건 아마 대부분이 그렇듯 자연스러운 일이었다. 내 이상형은 단순했다. 자존심이 강한 남자, 목소리가 좋은 남자, 하늘색 셔츠가 잘 어울리는 남자.

  이성 말고 원하는 친구상도 있었다. 웃긴 친구, 고기를 잘 굽는 친구, 내가 술을 마시지 않아도 이해해 주는 친구. 그렇게 순수하게 사랑과 우정에 몰두할 수 있었던 건 나 자신에 대한 이상형이 없었기 때문이었다. 내가 원하는 나의 모습이 뚜렷하지 않았으니 사랑과 우정으로 어떤 시너지를 만들어

낼지도 미래에 대한 이상향도 없었다.

 마흔이 되어 달라진 게 있다면 사람을 바라보는 시선과 사람을 사랑하는 이유다. 그러니까 사람에 대한 이상형이다. 젊을 때는 건강하고 멋있는 성인 남성으로 충분했지만 이제는 그와 함께 그릴 수 있는 미래, 꾸밈없는 상태를 이해할 수 있는 마음이 중요해졌다. 유지할 수 있는 사랑이 진짜 사랑이라 믿게 되었다. 나이가 들며 바뀌는 외모와 목소리, 열정 넘치는 사랑보다 인격과 성실함, 삶의 태도, 약한 사람과 강한 사람을 대하는 방식, 세상을 긍정적으로 바라보는 시선이 더 중요해졌다. 이상향을 함께 그릴 수 있는 사람은 미성숙한 사랑에서 벗어나게 한다. 그래서 나는 이제 내가 좋은 사람이라 믿는 이들과 잘 어울리는 사람이 되고 싶다.

 나이에 맞는 사람, 나이만큼 주름이 있고 연륜이 묻어나는 사람, 그 나이답게 말하고 살아온 흔적이 드러나는 사람이 좋다. 지나치게 젊어 보이는 사람보다는 살아온 시간만큼의 표정과 몸을 가진 이들과의 대화가 더 편하다. 팔십 년대 생이라 하면 친근하고 구십 년대 생이라 하면 조심스러우며 칠십 년대 생이라 하면 어떤 삶을 살아왔을까, 그 삶에서 무엇을 배울 수 있을까 생각해 본다. 사람을 대할 때 득과 실을 따지지 않고 이성적인 매력에서 자유로울 수 있다는 건 인간관계에서 편안함을 준다.

 시간이 빠르다거나 느리다는 말은 어쩐지 겸연쩍다. 누구나 세월만큼 삶을 살아냈고 살아온 만큼 나이를 먹었다. 물리적인 시간은 누구에게나 공평하다. 중요한 건 스스로 선택한 삶을 알고 인식하며 살아온 시간만큼 '나다움'이 쌓였다는 것이다. 앞으로도 그렇게 나다워질 것이다. 나답다는 건 억지로 찾거나 일부러 반성해야 할 일이 아니다. 한 사람에게는 이름과 가족, 분위기와 이미지, 태도로 설명할 수 있는 자신만의 살아온 이야기가 있고 갑자기 한 선택도 불쑥 튀어나온 감정도 결국 진짜 나의 모습일 테다.

 살아온 만큼 얼굴에 빛이 남는다. 자신의 자리에 맞게 성실하게 꾸준히 살아온 사람은 얼굴빛이 다르다. 눈빛이 맑고 말투와 표정이 유연하며 무엇보다 자연스럽다. 미안할 때 진심으로 미안한 표정, 고마울 때 한없이 고마운 표정, 기쁠 때와 슬플 때도 그 진심이 드러난다. 표정이 진심인 사람, 있는 그대로 믿을 수 있는 사람, 존중할 수 있는 마음을 가진 사람. 만났을 때 표정과 말투, 눈빛과 분위기가 조화를 이루어 어떤 말과 행동도 밉지 않고 더 오래 대화하고 싶게 만드는 사람. 어제와 오늘이 부드럽게 이어지고 이전과 다른 말을 하더라도 진실함이 의심되지 않으며 오히려 이유가 궁금해지는 사람. 농담과 장난이 적절히 섞여 있으면서도 '그 사람답다'

라는 느낌을 주는 사람. 몸과 마음이 건강한 사람은 곁에 있는 사람까지 편안하게 해 준다.

이제야 구체적으로 이루어낼 수 있는 꿈이 확고해졌다. 삶의 방향이 어긋났음을 알 수 있는 눈치가 생겼고 작은 실패에 쉽게 좌절하지 않으며 삶에 필요한 사람들을 적극적으로 찾아다닐 용기도 생겼다. 적절한 행복을 누릴 수 있는 여유는 결국 내가 만드는 것이었고 받아들일 때 비로소 유용했다. 편안함이 얼마나 나를 지탱해 주는지 편안하게 표정을 지을 수 있음이 얼마나 기쁜지 스스로 인정하는 진정한 행복과 만족감 그리고 '이 정도면 충분하다'고 여길 수 있는 기준이 생겼다.

　내가 어떤 사람을 사랑하는지 어떤 사람에게 사랑받는지 어떤 사람을 끝내 견디지 못하는지 또 어떤 일은 죽어도 못하는지 알게 되었다. 나를 알기에 꾸는 꿈, 미래를 향한 장면은 구체적이고도 꼼꼼하다. 제법 치밀하게 내일을 말하며 미래의 소망을 간절하고도 현실적으로 꿈꿀 수 있다. 꾸준히 오래 하려면 어떻게 에너지를 분배해야 하는지 누구의 도움이 필요한지 열정과 인내심의 한계는 어디까지인지 나보다 잘난 사람 앞에서 어떻게 자존심을 내려놓아야 하는지 마음의 변화가 일어났을 때 나만의 답을 내리고 소신껏 살아도 된다는 용기까지 얻게 되었다.
　용기가 생기면 숨어 있던 것들이 보인다. 행복한 마음은 언제나 기다림 뒤에 있었다. 오랜 준비 끝에 원하는 회사에 취업했을 때, 짝사랑하는 사람의 고백을 받아 주었을 때, 아이들의 성장을 지켜보며 세상 가득한 기쁨을 느낄 수 있었다. 나는 세상을 다 가질 수는 없어도 세상 다 가진 듯한 기분은 충분히 가능하다는 사실을 이미 알고 있다. 실제로 아무 힘이 없어도 그 기분만으로 완연히 행복해질 수 있다는 것도 알고 있다. 사랑하는 사람을 기다리며 했던 수많은 고민은 내 삶을 오랫동안 행복하게 만들어 주었다.

껍데기 속에 숨어 있어 나조차 몰랐던 내 마음은 고민 앞에서 가장 솔직해지고 추억 뒤에서 가장 큰 위로를 받는다. 스스로 고민을 인식하고 받아들이고 해결하려 마음먹으면서 고난과 좌절, 고생 앞에서 우리는 가장 치열하게 산다. 이제야 세상을 조금은 이해할 수 있을 것 같다. 이제 조금 알 것 같을 때, 사는 이유를 굳이 골똘히 생각하지 않아도 사람들과의 만남이 즐거울 때, 내가 있어도 되는 자리라 믿으며 일상을 스스로 채워가는 삶의 소망이 얼마나 갸륵한지 알겠다. 소소한 자극이 어떻게 활력이 되어 주는지 하루를 시작하는 아침에 느끼는 작은 행복이 어떻게 내 평소의 안온함을 더해 주는지 알겠다. 그 속에서 나는 기꺼이 나의 시간을 내어 주며 편안함을 누린다.

가장 나다운 때는 늘 지금이고 나를 조금은 알겠다고 말할 수 있는 나이가 바로 마흔이지 않을까. 몸과 마음과 생각이 잘 어우러진 사십 대를 보내고 싶다.

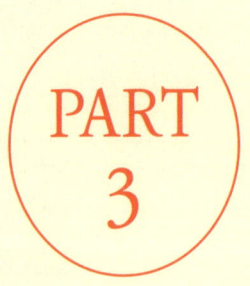

'미숙'한 어른의 세상살이

01 /

마흔 같지 않은 마흔

 마흔 정도 되면 세월이 얼굴에 묻어난다. 낯빛, 피부결, 웃을 때의 주름과 말할 때의 입 모양 그리고 눈빛에서도 말이다. 지금까지 어떻게 살아왔는지 얼굴에 삶의 흔적이 고스란히 담겨 있다. 차곡하게 쌓인 세월은 사랑이나 재채기처럼 감출 수 없다. 이제는 젊음이 지켜 주던 생기보다 세월이 남긴 흔적이 나를 더 잘 보여 준다. 사회적 가면과 화려한 옷이 가려 주던 한 사람의 세계가 이제는 분위기에서 고스란히 드러난다. 마흔, 더 이상 세월을 속일 수 없는 나이다.
 어느 날 길을 걷다가 전신이 비치는 유리창에서 나를 봤다.

옷차림과 표정, 골격과 걸음걸이가 너무도 어른 같아서, 그러니까 사십 대처럼 느껴져서, 누가 봐도 중년 여성으로 보이는 내 모습이 낯설고 어색했다. 내가 알고 있는 나는 여전히 생기 있고 발랄한데 마음은 언제나 일 년 전처럼, 십 년 전처럼 어쩌면 이십 년 전처럼 그렇게 살고 있는데. 여전히 그대로인 것 같은데 아니, 그대로인데…

지난 시절의 감성이 그리울 때면 옛날 발라드를 찾아 듣는다. 최신 가요를 검색해서 듣던 시절도 있었지만 이제는 화려한 퍼포먼스와 반복되는 리듬, 화끈한 가사에 적응하지 못하는 나이가 되어버렸다. 옛날 발라드는 나를 그 시절로 데리고 가 지난날을 추억하게 한다. 가수 김광석의 〈서른 즈음에(2014)〉의 가사를 보니 너무 귀여워 '풉' 하고 웃음이 나왔다. 가사에는 가슴속이 비어 있다고 말하는데 그건 아마 세상을 덜 살아봐서일 수도 있다. 삼십 년밖에 살지 않았으니 당연한 일이다. 학교를 졸업한 뒤 취업하고 제대로 삶의 맛을 본 건 몇 년이 채 되지도 않으니 텅텅 비어 있는 것이 당연하지.

바쁘게 살다 보면 어느새 지난 시절을 잊게 된다. 청춘의 날들에 품었던 별 볼 일 없는 고민, 첫사랑 앞에서 갈팡질팡하던 마음, 빈틈 사이로 스며 나오던 건강한 열정 같은 순간들 말이다. 눈을 감고 노래를 듣다 보면 그 모든 것이 그저 아름답고 찬란하게 느껴진다. 그때는 알지 못했지만 흔들림과 고

뇌 자체가 곧 젊음이고 청춘이었다. 몰라서 더 빛나 보였던 시절, 그 '모름'마저 사랑받을 수 있었던 시기가 분명히 있었다.

지난 시간이 허무하고 서글프게 느껴지지만 마흔의 문턱에 서면 의외로 마음은 차분하다. 이 거친 세상에서 내가 정말 사십 년을 살아왔구나, 스스로 수고했다는 생각이 든다. 가슴속은 여전히 비어 있는 듯하지만 돌아보면 다양한 사람을 만나고 수많은 일을 해내며 여기까지 왔다.

서른의 나는 완벽해 보이는 남자를 만나 결혼하고 싶었다. 세상에서 내가 가장 특별하다 믿었고 세상이 나를 중심으로 돌아간다고 생각했다. 주변 사람들은 모두 나를 사랑하고 나와의 관계를 진지하게 고민하며 살아간다고 의심하지 않았다. 이유는 단순했다. 세상을 바라보는 눈이 부족했다. 무엇보다 겉모습이 중요하다고 생각하여 예쁘게 보이기 위해 부지런히 꾸몄다. 중요한 결정을 내릴 때도 내 시선이 아닌 타인의 시선으로 판단했다.

늘 빨간 립스틱을 발랐고 하이힐을 신은 채 사람들을 만났다. 그들이 나를 얼마나 깊이 신뢰하는지는 중요하지 않았다. 단지 많은 사람과 함께 있어야만 불안을 달랠 수 있었다. 진심 어린 충고를 해 주는 이들을 멀리했고 사람 사이에서 피어난 감정을 말과 표정, 행동으로 드러내면서도 그것이 어떻게 나에게 돌아오는지는 알지 못했다.

 마흔이 된 나는 이제 사랑해 주는 사람은 가족이면 충분하다. 주변에 많은 사람은 필요 없다. 세상이 나를 중심으로 돌아가지 않는다는 것을 분명히 알고 있고 설사 그렇다 해도 원하지 않는다. 마음을 쓰게 되는 큰 결정도 피하고 싶다. 내 몸 하나와 가족을 지키기도 벅차다. 바깥에서 아무리 예쁘게 보이더라도 집에 돌아왔을 때 있는 그대로의 나를 받아 주는 단 한 사람이 있으면 충분하다. 중요한 결정은 누구의 말도 듣지 않고 혼자 내린다.
 이제야 애정 어린 잔소리가 무엇인지 조금씩 알게 되었다. 삶이 복잡해질 만큼 많은 사람을 만나지 않으려 하고 나와 맞지 않는 사람은 촉이 빠르게 온다. 그 촉을 믿고 불편한 관계에는 스스로 이별을 고한다. 그러면서 마음을 다잡고 작게 다가오는 기쁨을 붙잡아 그것을 행복으로 삼는다.
 물론 어엿한 어른처럼 잘살고 있다는 확신은 없다. 사십 년의 경험은 철이 든 마음이 무엇인지 조금은 알게 해 주었고 내 의지보다 세상이 더 크다는 사실도 알려 주었다. 무엇보다 세상은 내 뜻대로 흘러가지 않는다. 만약 내 뜻대로 흘러갔다면 오히려 잘못된 것일지 모른다. 결국은 제자리에 돌려놓아야 하는 수고가 따르기 때문이다.

세상을 돌아보니 여전히 불평등하지만 그렇다고 1등만 살아남는 것은 아니었다. 등수를 나누려면 엄청난 시간과 돈, 에너지와 경쟁이 필요했고 1등에게는 그럴 만한 이유가 분명히 있었다. 내가 그만큼 노력하지 않을 것이라면 애초에 인정하고 응원하는 편이 현명했다. 분명 1등에겐 내가 보지 못한 땀과 노력이 반드시 숨어 있기 때문이다. 운동, 노래, 춤, AI 분야 등 수많은 영역의 1등들은 내 삶과는 전혀 다른 곳에서 내가 시도조차 하지 않는 것을 하며 빛나고 있었다.

　그리고 나머지 등수는 실패나 패배가 아니었다. 각자의 삶에는 나름의 결과물이 있었고 그 다양성을 억지로 우열을 가르는 일이야말로 피곤하고 부질없는 짓이라는 것을 알게 되었다.

　어느 날, 수북하게 쌓인 세월 속에서 문득 알게 됐다. 샤워기 물을 틀어 놓고 머리를 박박 문지르고 있을 때, 청소기로 창틀 먼지를 빨아들이고 있을 때, 등수를 알 수 없는 사람들이 울고 웃으며 함께 살아가는 모습을 볼 때. 그 순간 느껴졌다. '참 열심히 살았구나' '착하게 살아야겠구나' '이것이 행복이구나'. 그러니까 1등이 주는 행복이 아니라 스스로 느끼는 만족감이 가장 중요한 것이었다.

　마흔은 책임이 늘어나고 '꼰대'라는 소리를 듣기 시작하며 청년 복지 혜택에서도 멀어지는 나이다. 마음은 여전히 청춘인데 얼굴에는 살아온 세월의 표정이 고스란히 주름으로 남았다. 이리저리 치이며 성숙해지다 보니 때때로 알 수 없는 반항심이 올라오기도 한다. 은퇴를 논하는 나이로 접어들며 해야 할 일은 끝없이 늘어간다.

 요즘 들어 동안이 많아 실제 나이를 유추할 수 없다고 해도 막상 스무 살을 마주할 때면 내 나이를 실감하게 된다. 그들보다 두 배의 인생을 살아 순수하거나 순진할 수 없음을 알게 된다. 생각만 해도 숨이 막힌다. 그들의 눈에 나는 분명 '어른'일 테니 말이다. 그러나 아무리 스스로를 다그쳐도 어른이 되고 싶지 않은 마음은 여전히 남아 있다.

02 /

0층에서 40층으로

유럽을 여행하다 보면 건물의 '0층'을 자주 보게 된다. 엘리베이터에 0층 버튼이 있고 호텔 로비에도 0층에 있다. 뼛속까지 한국인인 나는 여행하는 내내 헷갈렸다. 로비에 가려고 습관처럼 1층 버튼을 눌렀다가 2층의 분위기를 보고선 아차 싶은 적이 한두 번이 아니었다.

숫자 0은 아무것도 없다는 의미면서도 모든 것을 내려놓고 새로 시작한다는 느낌을 준다. 있으나 마나 한 숫자인 듯하면서도 중심을 상징하는 숫자기도 하다. 이득도 손해도 아닌 어쩌면 아무 의미가 없을 것 같은 시작점 같다.

내 삶에는 0이었던 적이 없다. 태어나자마자 이미 한 살이었다. 최근 들어 만 나이 적용이 논의되었지만 여전히 '한 살쯤은 더 어른스럽게 행동해야 한다'는 습관이 몸에 밴 채 살아왔다. 혼자 숨 쉬는 것도 버거운 작은 생명체에게 나이를 주었다는 사실, 태어나자마자 성숙한 책임과 의무가 적립되었다는 사실이 새삼스럽게 다가온다.

그러함에도 우리는 꿋꿋하게 살아가며 자신만의 방식으로 삶을 이어간다. 사회 속에서 경쟁에 분투하면서도 친구를 만나고 내 재능을 몰라도 성실히 출근해 일하며 월급을 받는다. 나이를 당당히 말하던 이십 대는 지나갔고 나이에 무심했던 삼십 대도 흘러갔다. 서른은 아직 어린 나이라는 말을 믿지 않았지만 마흔이 되자 "마흔이에요"라는 말이 잘 나오지 않았다. 대신 "85년생이에요"라며 나이를 저 뒤로 숨겼다. 그제야 서른이든 마흔이든 여전히 나의 자리를 찾아가는 중이라는 것을 깨달았다. 결국 나이를 먹는 이유는 내가 어떤 사람인지 알아가기 위해서다.

사회 안에서의 나를 잘 몰라도 이름과 자존심을 걸고 사업할 수 있다. 아니, 그래야만 살아남을 수 있다. 뚜렷한 꿈이 없어도 돈과 행복이라는 보편적인 목표만 있으면 문제 되지 않는다. 남들처럼 살아도 충분하다.

아무도 친절히 가르쳐 주거나 느긋하게 기다려 주지 않는다. 그러나 이 시대는 무엇보다 나 자신, 나의 행복을 증명해야 하는 시대다. 다행히 소소하지만 확실한 일상의 행복 덕분에 많은 사람이 조금 더 쉽게 행복해질 수 있었다.

그 많던 소확행(소소하지만 확실한 행복)들은 잘 보존되어 있을까. 마음의 근육이 되어 우리의 삶을 더 행복하게 해 주고 있을까.

사십 년을 살면서 삶이 혼란스러웠던 이유는 나만의 마음 규칙이 없었기 때문이다. 기본적인 지식과 상식, 사람을 대하는 태도가 어떠해야 하는지는 배웠지만 실제 삶은 달랐다. 이론과 상식은 늘 옳았을지라도 현실에서는 옳은 일만 일어나지 않았다. 세상을 유지하는 규칙과 도덕을 익히면서도 마음의 중심을 잡아 줄 나만의 기준이 따로 필요하다는 사실을 알지 못했다. 어쩌면 마음이 편안해질 적절한 기준, 표정과 언어에 연결된 나만의 기초, 내가 편히 숨 쉴 수 있는 나만의 세계를 몰랐다는 표현이 더 맞을 것이다.

 나는 그럴 줄 몰랐다. 어른들이 크면 저절로 알게 된다고 말한 것처럼, 마음이란 건 어른이 되면 알게 되는 건 줄 알았다.
 사람은 살면서 사회적 약속을 지켜야 삶을 이어갈 수 있다. 그보다 먼저 자신과 약속을 하고 그 약속을 지킬 힘이 있어야 안정감을 느낀다. 안정된 하루가 쌓이면 행복한 기억이 되고 그 기억은 세상을 긍정적으로 바라볼 수 있는 눈과 귀를 선물한다. 어른이 되기 전, 세상을 보는 눈과 귀는 스스로 만들어야 할 약속이었다. 그동안 상처받고 힘들었던 시간은 어쩌면 자신과 한 약속을 몰랐거나 지키지 못한 대가일지도 모른다. 세상을 바라보는 눈과 귀를 어떻게 만들어야 하는지 몰랐기 때문일 수도 있다.

 사는 것은 층층이 이어진 계단을 오르는 일과 같다. 힘겹게 올라간 계단 끝에는 또 다른 계단이 이어진다. 여러 사람과 함께 오른다면 순서를 지켜야 하고 두 사람이 나란히 오르면 어깨가 부딪히기도 한다. 혼자 오르면 외롭지만 속도를 맞추는 일은 덜하다. 그러나 정상도 알 수 없는 계단을 매일 맨몸으로 오르는 일은 여전히 벅차다. 빨리 오르면 숨이 차고 뒤로 내려갈 수도 없으니 오르고 또 오를 뿐이다. 나이가 들수록 두려움은 커진다. 더 오래 살아야 한다는 말은 앞으로 오를 계단이 더 가팔라졌다는 뜻이기도 하다. 높이 오를수록 체력은 줄고 잃을 것도 많아진다. 혹여 정상에 도착했을 때 다시 내려가라는 안내가 있을까 두려움이 스치기도 한다.

40층에 도착하고 창문을 열어 바람을 맞으며 목을 빼고 하늘을 올려다본다.

이제라도 나만의 '0층'이 필요하다. 지금의 나를 있는 그대로 사랑하고 받아들이며 만족하는 마음에서 다시 출발하는 위치. 나의 성향에 맞는 마음의 규칙을 찾고 일상 속에 숨어 있던 행복을 지켜가며 천천히 계단을 오르는 것이다.

이제는 사방으로 흩어진 시선을 거두어 가장 가까운 나 자신에게로 돌려야 한다. 나를 향해 시선을 모아야 한다.

03 /

정말 중요한 건 변하지 않는다

 고개를 들고 하늘을 바라보면 숨통이 트인다. 자연을 멀리 바라보고 있으면 시선이 쉬는 듯하고 눈빛에는 여유가 번져 마음이 가라앉는다. 눈부시게 반짝이는 장관보다 반쯤 감은 눈으로 아무것도 느끼지 않아도 되는 약간의 지루함이 좋다. 바람에 흔들리는 초록의 작은 떨림, 밝음이 어둠으로 바뀌어 가는 찰나, 하루하루가 이어져 계절이 변하는 순간들이 오히려 살아 있음을 증명해 주는 듯하다.

 내가 원하는 미래는 소박하다. 여유롭게 사는 삶이다. 다가올 날들이 무탈하고 잔잔하기를 바란다. 그런데 아이러니하게도 여유로운 삶을 바라지만 항상 여유 없이 발버둥치고 있다. 언젠가 찾아올지 모를, 적어도 실패는 아닌 미래를 대비하려 이를 악물고 하루를 버틴다. 마음의 여유란 원한다고 쉽게 갖게 되는 것이 아니며 쉰다고 다짐한다고 해서 곧장 쉬어지는 것도 아니었다.

 이상한 점도 있다. 막상 마음껏 자연 속에서 여유롭게 살라고 하면 속세의 익숙한 편안함과 이미 손에 넣은 물건들을 쉽게 놓지 못한다. 더 빠르고 편리한 길이 있음에도 굳이 자연의 삶을 택하겠다고 마음먹는 순간 오히려 마음이 번잡해진다. 나를 지치게 하는 자본주의에 매여 있으면서도 하루를 자연 속에서만 보내면 도시의 호텔이 그리워질지도 모른다. 이미 편리함의 달콤함을 맛보았기에 취할 수 있는 이득은 놓치고 싶지 않아서일 것이다.

 그래서 우리는 경쟁에서 살아남아야 한다는 압박에 숨이 막히면서도 이기는 법을 습관처럼 찾는다. 외모지상주의에 지치면서도 더 가꾸고 꾸며내며 남들과 비교받기 싫으면서도 소속감에 안도한다. 타인의 평가에서 존재의 의미와 사회적 안정감을 확인하려 애쓰면서 불편함 속에서도 규칙적인 안정감을 돈을 내고 사며 오늘도 기꺼이 마음을 내어놓는다.

스마트폰이 출시된지 얼마 지나지 않았을 때 친구에게 무엇을 하고 있냐 물었더니 스마트폰을 하고 있다는 대답에 순간 깜짝 놀랐다. 꽤 오래전 일이었는데 지금은 그때보다 훨씬 더 많은 사람이 스마트폰에 몰두하고 있을 것이다. 더 많은 시간을 도파민에 중독된 듯 소비하고 더 많은 선택을 AI에게 맡기며 더 오랜 시간을 스마트폰에 쏟아 붓을 것이다.

주머니 속에 있던 전화기는 이제 손에 꼭 쥐는 스마트폰이 되었다. 그 작은 네모난 기계로 일을 하고 쇼핑을 하고 글을 쓰며 일상의 대부분을 살아간다. 검색을 하고 대화를 나누며 고민을 털어놓기도 한다. 때로는 비서가 되고 친구가 되고 선배나 선생님처럼 조언을 건네기도 한다. 하루 종일 손에서 놓지 않는 그 기계와 감정까지 나눈다. 어쩌면 가족보다 더 많이 아니, 분명 더 많은 것을 알고 있을지도 모른다. 내가 누구와 어울리고 어떤 사람과 결혼해야 할지 아침에 엄마와 다툰 일을 어떻게 풀어야 할지 그런 사소한 고민조차 기계에게 묻고 답을 얻는다. 그러면서 내 삶의 중요한 자리를 조금씩 내어 주고 있다.

혹시 스마트폰을 잃어버렸다면? 모든 것을 잃은 듯한 기분이 들고 삶이 마비되어 버릴 수 있다. 업무 파일을 잃고 친구를 잃고 카드를 잃어버리니 전부를 잃어버리는 기분일 거다.

타인의 스마트폰을 보는 것이 직접 집 안으로 들어간 것만큼 사생활 침해가 되고 스마트폰을 훔치는 건 나의 전부를 훔치는 엄청난 범죄일지도 모른다. 또 우리는 사생활을 침해받고 싶지 않아 액정을 가리는 보호 필름을 붙여 홀로 스마트폰을 종일 바라본다. 그렇게 사람과 사람은, 마음과 마음은 또 멀어지고 변해가고 있다

 그러면서 많은 것이 사라져 갔다. 스마트폰을 붙잡고 있는 동안 온전히 감정과 기분을 느끼는 시간이 먼저 사라진 것 같다. 사람들 가슴에 남아 있던 마음의 깊이와 무게, 타인을 향한 따뜻한 시선도 조금씩 줄어들었다. 분명 내 감정인데도 정작 내가 어떤 기분인지 알지 못할 때가 많았다.
 하루에도 몇 번씩 변하는 마음, 화장실에 들어갈 때와 나올 때 달라지는 기분, 앞과 뒤가 다른 내 모습을 깨닫지 못한 채 그저 스마트폰과 함께 지냈다. 그래서 한결같이 마음을 이어가는 힘, 기다리며 참고 버티는 힘, 사람을 믿고 의지하는 마음을 점점 잃어 갔다. 일상 속 작은 만족을 누리는 일도 소홀해졌다.
 만족을 누리는 일, 마음이 가득 차는 일이 왜 이렇게 어려운 것일까. 잊지 않으려 스마트폰에 기록하고 알람을 설정하지만 정작 내 마음은 뒤로 물러나고 있는 건 아닐까 하는 생

각이 든다.

　세상이 아무리 발전하고 달라져도 정말 중요한 것들은 크게 변하지 않는다. 최고일 필요는 없다. 적절한 중간에 서 있을 때 삶의 균형이 잡힌다는 사실은 언제나 같았다. 모든 순간 '모르는 것이 약'이 되어 준 것은 아니지만 꼭 필요한 것들을 하나씩 배우며 나이를 먹어 왔다. 지금 내가 알고 있는 것, 행동하고 생각하는 모든 것을 배워 왔기에 삶을 채울 수 있었고 행복할 수도 있었다.

　이제는 그 배움을 본격적으로 삶에 적용해야 한다. 많이 아는 것보다 중요한 것은 '마음을 아는 것'이었다. 좋아하는 일과 잘하는 일의 중간, 사랑하는 마음과 사랑받는 마음의 중간, 칭찬하는 말과 조언하는 말의 중간, 해야 할 일과 하지 말아야 할 일의 중간.

　나는 오늘도 그 중간에서 편안함을 배워 간다. 혼자 배우는 것도 좋지만 사람에게서 배우는 시간은 더 다정하다. 그런 시간이 반복될 때 비로소 삶의 기반이 되어 주는 만족감이 시작된다. 내 앞에 놓인 삶의 균형, 지금 이 순간을 기점으로 나만의 '만족하는 마음'을 어떻게 지켜 나갈지 그 중간의 지점을 어디에 두어야 할지 곱씹어 보아야 한다.

04 /

내가 선택한 삶으로 살고 있나

 나이를 먹고 세상을 알게 된 뒤에 삶을 선택할 수 있다면 어떨까. 취업 준비생이 되기 전에 '계속 살 것인지, 멈출 것인지'를 고를 수 있는 GO 버튼과 STOP 버튼이 주어진다면 나는 과연 어떤 버튼을 눌렀을까.

 매년 그 버튼을 선택할 수 있다면 몇 살쯤에서 STOP 버튼을 누르게 될까. 끝없이 GO 버튼을 누르며 앞으로 나아갈 사람은 얼마나 될까.

 우리는 부모를 선택하지 못하고 타고난 기질과 체질, 성격도 스스로 고를 수 없다. 그래서 '나'를 완전히 이해하고 다루

기가 쉽지 않다. 부모님을 꼭 닮은 얼굴은 내가 부모님의 사랑과 책임 속에서 태어난 존재임을 보여 줄 뿐이다.

  태어나자마자 울음을 터뜨리고 유아기와 청소년기를 거쳐 서서히 자라온 시간은 결국 나 자신에게 익숙해지는 과정이었다. 학교에 다닌 것도 단순히 공부를 위해서가 아니였다. 규칙을 지키며 얼마나 인내할 수 있는지 지식을 습득해 얼마나 활용할 수 있는지 확인하는 과정이였다. 만약 그때 누군가 "공부하라"는 말을 "스스로 살아갈 방법을 찾아라"라는 의미로 해석해 주었다면 얼마나 좋았을까.

  새로운 도전을 하고 세상을 배우는 일도 중요하다. 그러나 그보다 먼저 이미 주어진 것들을 알아가는 과정이 필요하다. 나의 성격, 부모님의 성품 그리고 나를 둘러싼 환경까지 제대로 배우고 이해해야 비로소 나에게 맞는 삶을 살아갈 수 있다.

  정체성을 확립해 나가야 할 중요한 시기인 스무 살 전에는 부모님과 학교 말고는 마음을 가지고 가르쳐 주는 사람이 없었다. 친구를 향하는 마음과 자연스럽게 일어나는 생각들이야말로 스스로 배워야 할 삶의 지혜였다. 타인이 알려 준 삶의 방법들을 얼마나 실현하는지가 미래에 성공할 확률로 수렴하진 않는다. 나의 몫을 하루하루 소분하여 모인 삶이 지금의 나를 만들고 미래의 나를 그릴 수 있게 해 준다. 부모님의 가르침에 틀림이 있음을 인지하는데도 한참이나 걸렸고 엄마처럼 살지 않아도 된다는 것을 깨닫는 데도 한참이 걸렸다.

그때는 틀렸지만 지금은 옳은 지혜가 있다는 것을 깨닫는 데까지 한참이 걸렸다. 나의 부모님은 왜 우아하고 부유하지 못했나. 그 이유가 나를 키우기 위해서였다는 사실을 인정하는 데까지 그리고 내가 부모님의 포기와 희생으로 만들어진 생명체라는 것을 받아들이고 감사함을 느끼는 데까지 한참이 걸렸다.

노력을 해야 나와 연결된 마음들이 보였다. 모른 척 묵혀 두면 언제까지나 모르고 살아야 했다. 부모님에 관해서는 나이가 들수록 모른 척 살아갈 자신이 없었다. 나를 향했던 마음을 인지하는 일, 생각을 느끼고 이해하려 애쓰는 일, 마음과 생각이 어떻게 다른 지에 골똘해 보는 일, 나의 마음을 궁금해 하는 일은 삶에 몰입하는 아주 중요한 시작점이었다.

 삶에 몰입하려면 일상에서 느끼는 간단한 감각에 집중해야 한다. 좋다, 싫다, 맛있다, 맛없다, 하고 싶다, 하기 싫다 이러한 평범하고 작은 기분의 변화들이 내가 얼마나 스스로 선택하며 살아가고 있는지를 알게 해 준다. 명상이나 철학적인 질문도 좋지만 가장 중요한 것은 일상 속에서 내가 내린 소소한 선택들과 그 선택들이 쌓여 이뤄지는 나의 일상을 돌아보는 것이다. 있는 그대로의 나를 바라보고 받아들이며 현재 이루어진 삶에 대한 만족감을 바탕으로 미래의 꿈과 소망을 이어가는 자세가 필요하다.

사람은 매 순간 자신에게 질문을 던진다. 한번쯤 살아보고 싶은 삶이나 가고 싶은 여행지, 만나고 싶은 사람, 당장 취소하고 싶은 약속 등은 결국 스스로에게 던진 질문이자 대답이다. 적극적으로 움직이거나 망설여질 때 행동하기 전에 한 번 마음을 들여다보라. 의도하지 않아도 나를 관찰하면 금방 알게 된다. 내 표정과 기분이 이미 대답을 드러내고 있다.
하고자 했던 일은 결국 하게 되고 그렇지 않은 일은 자연스럽게 행동으로 이어진다. 걱정 속에는 아끼는 마음이 있고 고민 속에는 거절이 숨어 있다. 많은 사람이 불안한 마음이나 쓸데없는 고민을 단순히 부정적이라고 여긴다. 그러나 걱정은 종종 그동안의 경험에서 나온 대답이기도 하다. 걱정 속에는 나다운 모습과 나만의 나약함이 있다.

그렇다면 나에게 질문을 하나 더 던져보자. GO와 STOP 중 어느 것을 택할 것인가.
십대의 나라면 부모님께 앞으로 계속 살아가도 괜찮을지 물어볼 것 같다. 엄마와 아빠는 나를 낳고 기르는데 힘들었으니 어떻게든 살라고 하겠지. 이십 대의 나라면 친구 따라 결정할 것 같다. 반한 남자가 있다면 그 사람의 선택을 어떻게든 알아내서 따라갈 것이다. 서른의 나라면 GO버튼을 누를지 말지 치열하게 고민하고 부모님과 주변 사람들에게도 물어보며 철학과 인문 분야의 책을 뒤질 것이다. AI에게도 물어보며 몇 날 며칠을 잠도 못 자고 고민하겠으나 어떤 결정을 내릴지 잘 모르겠다. 어떤 결정을 내려도 후회하고 미련을 잔뜩 남기겠지. 선택하지 못한 결정에 대한 아쉬움을 안고 살아가겠지.

 하지만 마흔의 나는 스스로 GO를 결정하겠다. 또 나만의 삶이 펼쳐질 것을 잘 알기에. 어떻게든 움직일 나를 믿기에.

05 /

부족함은 까먹어 주기

 나다움을 찾는 것이 대세다. 휘둘리기 좋은 세상이라 그런 것일 수도 있다. 일과 쉼의 균형을 맞추면서도 나만의 성향을 지키고 세상의 중심에 서야한다. 바쁜 일상에 묻혀 둔 좋아하는 일, 잘하는 일, 성격과 취향을 다시 찾느라 분주하다. 없는 시간과 돈을 쪼개고 또 쪼개며 알뜰히 사용해야 다음 달 카드가 무사할 수 있다.

 그래서 나다움을 찾는 일조차 하나의 과제가 되었다. '너만의 고유성과 특별함을 찾아라'는 사회적 부추김에 답하듯 아무렇게나 살지 않고 정성스럽게 살고 있음을 증명하려는 방랑자처럼 가까운 곳으로 여정을 떠난다. 가만히 있으면 금방 존재감이 사라지는 세상이기에 불안한 마음도 있다. 어쩌면 나다움을 찾는 것이 아니라 내가 꾸며 놓은 환상 속에 나를 억지로 끼워 넣는 일인지도 모른다.

  게다가 더 나은 모습일 것이라 믿으며 나다움을 찾는 여정을 떠나겠지만 결국 길을 잃어버릴지도 모른다. 모든 조건을 갖춘 사람, 흠이 없는 육각형의 매끈한 사람이 매력적이라는 모순된 잣대 앞에서 환장할 수밖에 없다. 그러면서도 실눈을 뜨고 그 조건에 맞는 이를 찾아 헤매는 이 모순을 도대체 어찌해야 할까.

  사람은 어디서 누구와 함께하느냐에 따라 재능이 다르게 발현한다. 당장 만나는 사람에 따라 말과 행동도 달라진다. 나만의 성격, 나만의 성향, 나만의 특별한 꿈. 그것을 단 하나로 찾으라는 말 자체가 모순이다. 함께 사는 세상에서 나만의 특별한 무언가가 있다면 그것은 추억뿐이다. 내 편인 가족 말고는 누가 있나.

  설령 재능을 찾고 꿈을 찾았다 해도 막상 현실적으로 형편없다면, 돈이 되지 않아 먹고사는 데 문제가 생긴다면 어떻게 해야 할까. 먹고 자고 입고 사는 일은 너무도 기본이라 당연히 할 줄 알았는데 그마저 하지 못한다면, 어릴 때 소망이었던 어른이 되어 보니 상상했던 그림이 아니라면, 바랐던 기대를 충족해 주지 못한다면 무엇을 탓해야 하나.

생각했던 것보다 훨씬 더 나약한 사람이라면 어떻게 해야 할까. 채찍질로 다시 성장하고 나아가야 한다고 스스로를 다그쳐야 하나. 아니면 이렇게 나를 낳고 늙어버린 부모님을 원망해야 할까.

세상은 넓고 못할 일은 많다. 사람은 아무리 노력해도 못 하는 게 있다. 애초에 노력이 안 돼서 못하는 일도 있다. 노력이란 말이 무색할 만큼 시도조차 너무 힘들어 불가능한 일이 누구에게나 있다.

나는 요리를 하면서 단 한 번도 행복했던 적이 없다. 하루 동안 나눠 써야 할 에너지를 한순간에 다 소진해 버리는 게 요리였다. 그 경험들을 모아 보니 나는 예민하고 여러 자극에 취약한 사람이라는 것을 알게 되었다.

요리를 하려 마음먹는 순간부터 이미 에너지 소진이 시작된다. 냉장고에 남은 채소와 양념, 당장 사야 할 재료들이 그저 부담스럽다. 재료마다 크기, 촉감, 색깔이 다르고 어떤 것은 차갑고 어떤 것은 펄펄 끓는다. 익히는 방법도 익는 속도도 제각각이다. 손은 물에 젖어 계속 자극을 받으며 칼과 각종 주방 도구를 번갈아 써야 한다.

고체, 액체, 물컹한 재료들을 손으로 만지며 손질하는 건 취향도 성격도 전혀 다른 사람이 내 팔장을 억지로 끼는 기분이다. 요리는 오감과 정성, 집중력이 모두 필요한 작업이다. 그 다양한 감각이 동시에 몰려와 자극이 되고 결국 스트레스가 된다.

마음도 문제다. 마트에서 추천해 주는 채소와 과일이 가장 신선하지 않냐고 물을 때 엄마는 나를 한심하게 바라본다. 아직도 채소와 과일의 신선도와 청결을 확인하는 방법을 잘 모른다. 내 눈에는 다 똑같이 보인다. 내가 한 요리를 아무 의심 없이 먹는 남편을 보면 싱크대에서 급히 주워 넣은 채소가 생각나고 자괴감이 밀려온다. 준비한 듯 맛있다 말하려는 그 입 모양을 의심한다. 설거지를 해도 그릇에 남아 있던 세제 거품이 떠올라 깨끗이 씻겼는지 알 수 없어 불안하다. 요리는 시작부터 마지막 정리까지 한순간도 정성을 다하지 않을 순간이 없으니 달리기를 하는 기분이다.

이미 촉감과 냄새로 다 먹어서 정성을 다할수록 내가 한 요리는 먹기 싫어진다. 그래서 요리하는 사람이 그렇게도 멋있다. 요리하는 사람의 물 묻은 손을 보면 나도 모르게 경외감과 감동이 밀려온다. 나에게 요리는 버겁다. 당연히 잘할 수 있으리라 생각했지만 그저 못하는 것임을 깨닫고는 먹고 살 만큼만 하기로 했다.

사람에게는 누구나 어쩔 수 없는 것들이 있다. 누구나 못난 점이 있다. 단점이 있고 콤플렉스가 있으며 결핍도 있다. 그래도 좋아하는 일, 사랑하는 사람, 성실한 하루만 있다면 나의 못난 점과 결핍을 잊으며 잘 살아진다. 사십 년 정도 살았으면 그 정도 맷집은 생겨서 살면서 만들어 놓은 습관처럼 살 수 있다.

부족함을 까먹은 지금, 어쩌면 그게 진짜 내 모습일지도 모른다. 계속 반복해도 즐거운 일, 아무리 해도 어려운 일. 이 두 가지쯤은 알고 살아가면 어떨까.

06 /

어른이 되어 만족하는 삶

나는 만족주의자다. 삶의 가치관이나 원대한 신념은 아니지만 만족을 추구하는 사람이다. 그저 지금처럼 나만큼 산다. '과거의 나'도 아니고 '미래의 나'도 아닌, 오직 '지금의 나'만큼 산다. 어떻게 해야 할지 잘 모르겠을 때는 가만히 있고 표현이 필요한 순간에는 모른다고 말하거나 기다려 달라고 말한다. 사과와 부탁은 구체적이고 성실하며 다정하게 마음을 다하기로 다짐했다. 내가 모른다고 말해야 상대방은 내가 모른다는 것을 알 수 있고 기다려 줄 수 있다.

사람과 사람 사이에는 존중이 기본이다. 최소한 거절이나 손절 앞에서도 마음이 접힐 시간, 놀랄 시간, 속상해할 시간을 줘야 한다. 마음의 여유를 가지며 이해하고 받아들이되 감정적인 선택만 하지 않으면 최악은 피할 수 있다. 양보와 빼앗김은 엄연히 다르고 드러나지 않는 소극성을 존중하면 보장되는 안정감도 있다.

장대한 계획에 따른 대단한 성공으로 위인이 되겠다는 확신은 없어도 삶을 향해 착실하게 인내하며 적당히 만족하며 사는 건 자신 있다. 갖고 싶다는 마음 하나로 앞을 보며 달려간다고 얻어지지 않는 것을 안다. 그래서 만족하기 위해 억지로 애쓰지 않는다. 잘났다는 건 비교고 완벽하다는 건 환상이다. 비교와 환상이 없는 만족은 오히려 적당하고 보통일 때 더 행복을 느끼게 해 준다.

초대받지 않은 파티에는 가지 않으면 된다. 타인에 의해 흔들리지 않으며 내가 만든 최소한을 잘 모으고 쌓아 삶을 정돈하며 살아간다. 중요한 선택을 해야 할 때 큰 성과와 내 깜냥 이상을 안겨 주는 원대함보다는 안정감과 노력한 만큼의 결과를 우선한다. 선택권이 더 있다면 해 봤던 경험 중 가장 잘하는 것을 선택한다. 딱 하루만큼씩 하루를 보태며 하루만큼씩 나이 들고 잘나졌다고 믿으며 살 뿐이다.

내가 심판하지 않아야 할 일에 선동되지 않으며 타인을 선동하지도 않는다. 중립을 지키며 중간자의 입장에서 각각을 헤아려 보는 사람이 필요하다고 믿는다. 명확하지 않은 일을 억지로 주장하지 않으며 질문이 있을 때만 성실히 답한다. 나의 영역에서 잘하는 것을 지치지 않고 계속한다. 잘하지 못할 일에 에너지를 소모해 지금을 망치지 않는다. 하던 일만 묵묵히 계속하므로 딱히 계획이 없어도 무방하다. 무계획이 주는 우연한 다양함과 예상치 못한 결과가 없기에 지금의 나를 즐기면 된다. 그럴 수 있다. 별거 아니다. 이만하면 됐다. 이 정도면 충분하다. 그럼 됐다.

미래를 향한 불확실한 꿈 대신 선명히 보이는 지금과 내 모습에 만족을 선택한다. 만족은 현실적인 꿈과 닮아 있고 행복과도 연결되어 있다. 바람이 없으면 미워하는 마음도 잘 생기지 않는다. 만족한 마음을 안고 사는 삶에서는 온통 나로 가득해 내가 세상의 중심이 될 수 있다. 미래를 꿈꾸며 지금의 기쁨에 집중하는 힘은 어렸을 때 당연히 가졌지만 어른이 되면 잃기 쉬운 능력이기도 하다.

나는 나름대로 까다롭다. 늘 만족만 하며 둥실 떠다닐 수는 없다. 매일 짜릿한 기쁨이 터질 일을 바라지 않는다. 자극에 노출되는 삶을 감당할 자신이 없다. 좋은 일은 듬성듬성 오기를 바란다. 충분히 누리고 나누며 적응할 기간을 두고 싶다. 갑자기 찾아오는 기쁨의 자극에 놀라지 않고 평온히 보낼 수 있는 하루이길 바란다. 길고 얇게 깔아 가는 일상이 반복되기를 소망한다.

 자발적으로 우물 안 개구리가 되어 우물 안의 진흙과 모래, 습도와 먼지, 어둠까지 그 모든 하루를 사랑했다. 함께한 사

람들을 온 마음으로 사랑했다. 비록 하찮게 기억되더라도 아낌없이 내가 더 많이 사랑했다.

나의 우물은 콤플렉스와 비밀, 숨기고 싶은 동굴과는 달랐다. 울음소리와 웃음소리가 메아리처럼 울려 다시 돌아오는, 언제든 내 마음을 확인할 수 있는 공간이었다. 물론 가끔은 그 메아리가 지겹고 듣기 싫은 날도 있었지만 결국 내가 지른 소리, 나의 목소리였다.

어른이 되었다고 해서 이런 소중한 공간을 없앨 수는 없었다. 그것은 믿음직한 삶의 방패였다. 날카로운 창은 없지만 내 얼굴쯤 가릴 수 있는 방패 하나로도 사는 게 훨씬 편해졌다. 적극적이고 행동력 좋은 어른으로 자라지는 못했지만 굳이 우물을 부술 이유도 없었다. 대신 나는 쓰레기통을 두었다. 마음과 감정의 찌꺼기, 재활용되지 않는 쓰레기들을 모아 버리며 오늘도 나만의 우물 안에서 조금 더 쉽게 행복해진다.

돌이켜 보니 나만의 우물은 삶의 방어막이었다. 그 좁은 공간 안에서 만족했고 작은 그릇은 금방 가득 차 다른 곳을 기웃거릴 필요도 없었다. 우물 속에는 나의 냄새와 목소리, 나의 취향만 가득했다. 그곳에서 중심을 잡을 수 있었고 보통의 힘을 다시 일깨울 수 있었다.

07/

나를 닮은 나의 삶

 비슷한 일상을 반복하다 보면 나만의 습관이 생기고 마흔쯤 되면 나만의 방식이 생긴다. 조금 잘못된 면이 있더라도 나만의 삶의 방식이다. 화끈한 도전이나 열정적인 사랑, 훌쩍 떠나는 여행보다 어제처럼, 한 달 전처럼, 일 년 전처럼 오늘 하루 무탈하게, 타인에게 해롭지 않게 하던 대로 살아간다.
 나는 내가 무엇을 못하는지 무엇을 억지로 하고 있는지 무엇을 하지 않는지를 알고 있다. 주변을 돌아보면 낡은 익숙함이 자리 잡고 있고 그것들로 내 안이 채워져 있어 새로운 시도 앞에선 쉽게 망설인다. 애정이 담긴 삶의 흔적이 있고 지키고 싶은 것과 잃고 싶지 않은 것들이 있기에 마음대로 살지 않는다. 지금이 틀어지면 내일도 함께 무너질 게 뻔하다.

 달라진 게 있다면 마음이 무거워졌다는 점이다. 경계하고 조심하며 한 번 더 살핀다. 재미있고 이익을 얻는 일보다 지켜야 할 규칙과 도덕성, 피해야 할 사람에 촉이 생겼다. 나만을 위해 사는 건 장점이자 단점이다. 열심히 살 이유가 되면서도 동시에 나를 지치게 하지만 결국 그것이 삶의 의미가 되어 준다. 그래서 지금 나는 '왜 이렇게 살고 있는 것일까'라는 근거 있는 호기심을 품게 되었다.

 그러니 이제 묻는다. 앞으로는 어떻게 살아야 할까. 십 년 후 나는 어떤 모습일까. 누구와 함께, 어떻게 살아가고 있을까.

 마흔은 인생의 중심에 서서 미래의 내 모습을 그려볼 수 있는 시기이자 본격적으로 내 몸과 마음을 건사해야 하는 시기다. 나를 중심에 두고 삶을 돌아보며 나 자신을 세세히 알아간다. 다들 멀쩡한 어른인 듯 회초리를 들고 지켜보지만 정작 나도 이제 겨우 내 손으로 만지고 내 발로 뛰기 시작했을 뿐이다. 여전히 타인의 삶에 끼어들고 싶지도 내 삶에 타인이 끼어드는 것도 어색하다.

 완벽한 행복이나 정답 같은 삶은 없다. 최고의 순간, 내 마음대로 할 수 있는 세상, 모두가 고개를 끄덕일 정답 같은 선택은 애초에 존재하지 않는다. 일상은 채점자가 턱을 괴고 한

참을 고민하다가 '세모'라고 적어버리는 주관식 답안처럼 애 매하다. 그래서 더 진지하게 고민하게 만든다.

 삶에서 가장 중요한 '오늘'은 과거일까, 현재일까 아니면 미래일까. 오늘만큼은 특별하다. 지금을 기준으로 과거와 현재, 미래가 한데 들어 있다. 이미 지나간 일도 지금 하고 있는 일도 앞으로 해야 할 일도 모두 오늘 속에 있다. 어제는 온통 과거고 내일은 온통 미래지만 오늘은 그 둘을 동시에 품는다. 잠드는 순간까지도 오늘은 미래다. 잠자는 동안 뇌가 경험을 정리해 새로운 기분과 감정을 선물해 주니 우리는 매일 열심히 잠을 자야 한다.
 오늘은 단순한 현재가 아니다. 곧바로 되짚을 수 있는 가까운 과거이자 곧 다가올 미래다. 있는 그대로의 나를 비추며 현실에서 살아 이어지는 지금 그 자체다. 그래서 우리는 오늘을 존중하고 소중히 살아야 한다. 원치 않아도 시간은 쌓인다. 연민하던 시선을 바깥으로 돌려 정해진 길을 한 걸음씩 걸어가다 보면 보폭만큼씩 알게 된다. 애쓴 만큼 배우고 아는 만큼 보인다.

08 /

철이 든다는 것은

 연말 즈음 자주 만나지 못했던 지인들과 맥주 한잔을 앞에 두고 살아온 이야기를 나눌 때면 다들 시간이 참 빠르다고 말하곤 한다. 나이가 들수록 그 말은 더 실감난다. 십대는 10킬로미터, 이십 대는 20킬로미터, 삼십 대는 30킬로미터로 달린다면 사십 대는 40킬로미터로 달린다. 40킬로미터 정도는 안전 속도에 해당한다. 앞으로 다가올 속도감이 두려워 시간이 빠르게 흐른다고 불안해하는 것은 아닌지 고민된다.

 사람은 바쁘게 살수록 시간이 빠르다고 느낀다. 할 일이 많아질수록 그때를 온전히 기억하기 어렵다. 선명한 기억이 별로 없으니 시간은 빠르게 흘렀다고 느껴지고 그 빈자리에 허무가 자리한다. 왜 이렇게 시간이 빠른지 생각된다면 내가 너무 바쁘게 살고 있는 것은 아닌지 너무 많은 역할을 떠맡고 있는 것은 아닌지 잠시 쉬며 되짚어 볼 필요가 있다. 숨 가쁘게 보냈던 순간을 기억하지 못한다는 사실은 씁쓸하다. 다들 행복하자고 애썼는데 나만 쓸쓸한 기분인 것이 서글프다. 노력하고 애쓴 시간보다 쉬고 남은 여유에서 공허함이 밀려온다. 쉬는 것이 쉽지 않은 것처럼 느껴진다.

사십 년을 넘긴 내 기분은 이제 좀 예측되고 조절될 법도 하다. 그런데도 불쑥불쑥 튀어나오는 기분에 당황할 때가 많다. 겉으로는 멀쩡해 보이고 딱히 아프지 않지만 기분에 갇혀서 아무것도 하기 싫은 상태가 온다. 몸과 마음과 입과 손이 꼼짝하지 않아 아무것도 할 수 없을 때도 있다. 외로움은 가끔 충분히 견딜 만한데 누적된 외로움은 갑자기 울컥하게 만든다. 슬픔이 무엇인지 알지만 누적된 슬픔은 쉽게 빠져나오지 못한다. 불안은 늘 곁에 있지만 무뎌지지 않고 시간이 쌓일수록 더 새롭고 강력한 불안이 찾아온다. 그러니 마흔이 되었다는 건 그만큼 불안해 보았다는 의미기도 하다.

그때는 이래서 좋았는데 지금은 이래서 싫고 그때는 싫었는데 지금은 그래도 뭐, 나쁘지 않은 것 같기도 하다. 에세이를 출간하며 내가 했던 말은 비교적 잘 기억하는 편이지만 그때의 이유와 핑계, 조언과 잔소리, 진심이었던 근거까지 모두 기억할 수는 없다. 가끔 그 모든 말들을 모아 커다란 뚝배기에 넣는 상상을 하면 앞뒤가 맞지 않을 것 같아 기분이 묘해진다.

이런 나를 가장 가까이서 지켜보는 사람은 남편이다. 결혼한 지 십 년이 넘었는데도 여전히 커피 값이 비싸다 생각하고 카페에서 두 시간 수다 떠는 것을 이해하지 못한다. 그래도 내가 가자고 하면 따라 나선다. 케이크가 비싸다고 하면서도 "빵은?" 하고 묻는 남편을 보면 괜히 웃음이 난다. 연애할 때는 다른 취향이라 서운했지만 지금은 세월이 배에 불룩하게 쌓인 모습마저 은은한 사랑과 안정감을 준다. 사랑인지 우정인지 의리인지 모를 마음을 나누며 누가 누구에게 맞춘 건지 알 수 없는 채로. 생활비도 반, 살림도 반, 싸움도 반반일 거라 믿었지만 결국 다 소용없다는 것을 인정한 순간 우리는 제일 친한 친구가 되었다. 서로의 사랑은 달라졌고 오가는 기분도 함께 늙어갔다. 눈빛의 힘이 빠지고 기분에도 힘이 빠져갔다.

나이가 들고 철이 들어 친구들도 결혼해 아이를 낳았다. 중요한 순간들을 함께했지만 이제는 그들의 삶에 손님처럼 방

문한다. 예전처럼 밤새 술을 마시지도 않고 아쉬워도 붙잡지 않는다. 아이들의 전화나 남편이 집에 오는 시간이면 자연스럽게 헤어진다. 그 뒷모습을 보며 서로의 삶이 무탈하길 빌어준다.

  그래도 나는 친구를 여전히 친구라 부를 것이다. 인맥이나 관리 대상이 아니라 마음에 묻어 두고 그리워할 존재로 둘 것이다. 인기척이 반가운 손님처럼 친구의 삶에 그 정도는 해줄 수 있지 않을까. 이제는 전화기 통화 버튼도 잘 누르지 않게 되었지만 말이다.

09/

기분의 기본값

 초등학생 조카는 유난히 나를 잘 따른다. 두 살 터울의 언니와 나는 많이 닮았지만 언니는 엄마이기에 도덕성과 사회성을 가르치느라 야단을 치고 나는 이모로서 뭐든 허용하고 잘 놀아 주며 예뻐하기만 한다. 조카에게 나는 말 그대로 '대리 엄마' 같은 존재였을 것이다. 그날도 한참을 놀아 주고 집에 가려 짐을 챙기자 조카는 자고 가라며 떼를 썼다. 앞으로 엄마 말을 잘 듣겠다고 새끼손가락을 걸고 약속한 뒤 거실에서 같은 이불을 덮고 밤새 이야기를 나누다 잠들었다.
 다음 날 아침, 먼저 일어나 조카의 귀여운 콧구멍이 벌름거리는 모습을 바라보고 있었다. 그러다 갑자기 눈을 번쩍 뜬

조카는 또박또박 말했다.

"이모, 오늘도 집에 가지 마."

　아침에 눈을 뜰 때 처음 느낀 기분을 늘 중요하게 생각한다. 잠에서 막 깬 몽롱함도 하루의 기본값이자 일상의 일부다. 아침에 눈을 뜨자마자 큰 고민이나 중요한 일이 떠오르기도 한다. 전날 밤의 기분과 생각이 정리되어 이어지기도 하고 마지막까지 남은 마음이 드러나기도 한다. 그 짧은 순간이야말로 나만의 기본값이다.
　하지만 대부분은 아침의 기분을 기억하지 못한다. 이미 일상에 쫓겨 출근 준비를 하고 밥을 먹고 '기분은 무슨 기분이냐'며 잊어버리고 만다. 그렇지만 아침에 가장 먼저 어떤 기분이었는지 어떤 자세로 눈을 떴는지 처음 느낀 감각은 무엇이었는지 잠시라도 떠올려 보는 건 나를 아끼는 시작이 될 수 있다. 오늘 아침의 기분과 가장 먼저 든 생각만으로도 하루를 내가 원하는 방향으로 열 수 있고 나 자신에게 다정하게 질문하는 출발이 될 수 있다.

　놀랍게도 나는 대부분의 아침에 매우 기분이 좋다. 머리카락은 오른쪽 혹은 왼쪽으로 구부린 상태에서 잤을 때와 비슷한 자세로 일어난다. 눈을 뜨고 "으흐" 하고 입에서 웃음이 새어 나온다. 의도하지 않았는데 습관인지 본능인지는 잘 모르겠다. 퉁퉁 부은 눈에 눈곱도 있고 머리카락도 헝클어져 있어 내 못생긴 모습이 우스워서 일지도 모른다. 우스운 그 꼴이 이상하게 기분은 좋다. 한동안은 내가 약간 미친 건가 고민한 적도 있다. 물론 이렇게 이유 없이 자꾸 웃음이 새어 나온다면 사는 게 꽤 곤란해질 것 같지만 아침의 약간 달뜬 상태를 내 기분의 기본값이라 인정하고 매일 아침의 첫 기분을 애정하기로 했다. 매일 아침 맨 기분에 드는 생각은 꼭 존중하기로 했다.

나는 맨정신으로 직접적으로 말해야 새겨듣는 편이다. 과한 것보다 부족한 게 오히려 낫다고 생각한다. 그냥 해 본 말에 기대를 걸지 않기 위한 인간관계에서의 마음 조절 방법이다. 술을 마시고 한 말, 도파민이 터질 때 한 말, 크게 웃으면서 혹은 눈물이 터지면서 한 말, 정신을 딴 데 두고 건성으로 한 말은 기억하지 않는다. 맨 기분, 맨정신에 직접적으로 한 말만 정성을 들여 기억하고 되새긴다. 의도적이든 의도적이지 않든 너무 기쁠 때 혹은 너무 슬플 때 한 말과 선택을 후회한다. 기분 좋다고 한 턱 쏜 카드 값에 후회한다. 울며불며 "다시는 연락 안 해!"라는 말은 믿지 않는다. 그저 펑펑 우는 만큼 슬프다는 뜻일 뿐이다. 취중진담은 아님 말고의 정석이다. 술 깨고 나서는 그 말을 책임지지 않을 수도 있다는 여지에 마음을 내보일 순 없다. 술이 술을 먹었다는 말, 사람이 아니라 술이 한 말을 믿을 만큼 더 이상 순진하지도 순수하지도 않다. 나이가 들수록 순진하지도 희망적이지도 않는 현실을 품을 수 있는 현명한 말, 믿어도 되는 말만 믿고 싶다. 기쁨과 슬픔은 함께 즐기되 말의 내용을 심각하게 믿지 않는 것. 그래서 묵묵히 들어주는 것이 삶의 지혜인지도 모르겠다.

 우리가 존중해야 할 기분은 지금 내가 느끼는 바로 그 감정이 아니다. 다시 돌아보고 기록한 잘 다듬어진 감정이다. 가장 아래에 깔려있던 기분, 가장 먼저 들었던 생각, 순수하게 행복했던 처음의 마음을 인정하고 인정받을 때, 억지 표정이 없는 나의 맨얼굴을 말갛게 드러내며 뱉은 말들이다.
 돌아보면 기억은 그 시절의 기분들로 묶음 지어져 있다. 그 시절 안에도 나만 아는 기분들이 있다. 가끔은 그 기억들을 달리 꺼내볼 수 있기에 추억이 다채롭게 아름답지 않나.

10 /

나이가 주는 자존감

　나는 정말 이기적인 아이였을까.
　말과 글을 빨리 익혀 어릴 때부터 수다쟁이에 글도 많이 썼다. 유치원 다니는 아이가 아무리 똑똑하다 한들 얼마나 똑똑하겠나. 다만 단어를 익히고 스스로 문장을 만들며 상상하는 게 즐겁고 표현하는 게 행복했다. 좋아서 했을 뿐인데 유창하게 잘했다고 말할 수 있는지는 모르겠다. 언니와 동생 사이에서 눈치를 보며 자란 둘째라 성장이 좀 빨랐을 테고 말을 잘하니 똑똑해 보였을 것이다. 어른들은 "똑 부러지네" "성숙하네"라는 말을 자주 했는데 나는 그게 세상 귀한 칭찬인 줄 알고 힘을 얻어 심부름을 열심히 했다. 우스운 건 정작 '똑 부러진다'는 말이 무슨 뜻인지도 몰랐다는 점이다. 혹시 손가락이나 허리가 부러진다는 뜻인가 걱정했던 기억이 있다.

친구들은 나에게 "넌 너밖에 몰라, 이기적이야"라는 말을 자주 했다. 나는 예민했고 부지런했으며 말을 잘했기에 감정 표현도 많았다. 솔직하다는 건 숨김없이 모두 말하는 것이라 여겨 매우 솔직한 사람이 되고 싶었다. 생각을 솔직하게 말하다 보면 표정과 몸짓에 드러나 감정에 힘이 더 실렸고 어떤 놀이에서도 내 의견이 더 많이 반영되었다. 지금 생각하면 친구들에게 참 미안하다. 타인의 마음을 품을 여유 없이 내 마음을 감당하기도 벅찼으니 이기적이라는 말도 어쩔 수 없었다. 내 표현과 행동이 타인에게 어떤 영향을 미치는지 또 마음을 책임지는 것이 곧 성격으로 이어진다는 것을 그땐 몰랐다. 사랑이란 결국 타인을 책임지기에 앞서 나의 마음을 책임지는 데서 시작된다는 것도 몰랐다.

나는 지극히 방어적이었다. 적극적인 사람이 먼저 깊이 상처빋는다는 것을 알기 때문이다. 하고 싶은 말을 아껴라, 침묵이 금이다, 모를 때는 가만히 있으면 중간이라도 간다는 말이 싫었다. 중간에 가고 싶었지만 그게 내 발언권을 무시해도 된다는 뜻은 아니었다. 말을 하고 싶었고 내 의견을 인정받고 싶었다. 하지만 세상은 늘 크게 말하는 사람, 시끄럽게 떠드는 사람 중심으로 돌아갔다. 그런 사람들이 잘나 보였고 기회도 더 많았다. 하고 싶은 말을 참으면서 어떻게 자존감을 지킬 수 있겠는가.

행복하라는 말조차 꼬여 들렸다. 나를 위하는 말이 아니라 지시처럼, 대화의 끝에 던지는 형식적인 인사처럼 느껴졌다. "하고 싶은 일 다 해라, 꿈도 꾸고 자존감도 지키고 행복도 하라"라는 말은 도대체 몇 사람의 몫을 하라는 건지 답답했다. 실패할 자유, 슬퍼할 자유, 포기할 자유도 있는 건데 말이다. 세상은 가끔 내가 한 사람이라는 것을 잊는 것일까.

하지만 만약 나쁜 의도가 아니라 나를 사랑하는 과정에서 어쩔 수 없었던 거라면 그 정도는 용서하기로 했다. 이제부터는 진짜 내 삶을 살아야 하니 말이다.

11 /

외로움을 즐기는 어른

 한때는 외롭다고 말하는 것. 아니, 외로움을 느끼는 그 자체만으로도 나를 깎아먹는 일이라 생각했다. 돈, 꿈, 명예, 착한 마음, 다 좋지만 무엇보다 '아쉬운 사람'으로 보이고 싶지 않았다. 타인의 눈에 궁한 사람으로 비치는 게 참을 수 없었다는 말이 맞겠다. 외로움은 부끄러운 감정이고 느끼는 것만으로도 잘못이며 문제라 여겼다. 지금의 나를 그대로 비추는 거울 같아 더더욱 감추고 싶었다. 아무도 틀렸다고 말하지 않았음에도 스스로 외로움을 잘못된 마음으로 규정했다.
 그래서 외로울 때면 사람을 찾아 나섰다. 하지만 사람을 만나도 마음의 빈틈은 채워지지 않았다. 사회생활을 하면서는 더욱 그랬다. 학창 시절처럼 순수한 우정을 쌓을 수 없었고 짧게 스친 인연들은 대부분 다시 이어지지 않았다. 재미있던 사람은 그 재미가 끝나면 연락이 끊겼고 함께 놀던 인연은 금세 다른 사람으로 대체되었다. 익숙해지면 단점이 보였고 단점이 보이면 가차 없었다. 익숙함에 속아 소중함을 놓친다지만 사실 익숙해지는 건 곧 매력이 사라지는 것이었다. 더 깊어지지 않으려 애쓰니 떠나는 것도 쉬웠다. 각본처럼 적당한 사람이 나타났다 사라졌고 연애도 사랑의 유효기간이 다하면 끝이 났다. 언제나 마지막엔 혼자가 되었다.

혼자 있는 시간의 끄트머리쯤에 감정을 덜어 내는 법을 배웠다. 인연이 끝난 자리에서 나 자신과 마주하는 시간이 길어졌다. 처음엔 견디기 힘들었다. 주었던 마음을 돌아보는 건 손해를 확인하는 것 같아 괴롭고 불편했다. 못난 모습을 굳이 다시 들여다봐야 하나 싶었고 필요성과 방법도 몰랐다. 혼자 확인하는 건 그저 자책 같았다. 마음이 공허해 "저 지금 잘못 살고 있어요. 도와주는 사람도 없어요. 불쌍하죠?" 하고 인정받고 싶은 마음 같아 더 숨기고 싶었다. 물론 아무도 그렇게 부정적으로 말한 적은 없었다. 오로지 내 해석이었을 뿐이다.

외로움은 누구나 느낄 수 있는 감정인데 그 사실을 모르거나 인정하지 않을 때 오히려 더 치명적이었다. 외로움도 기쁨처럼 휘발될 수 있는 감정이라는 것을 알았다면 조금은 덜 외로웠을까.

 외롭다는 것을 누구에게도 들키기 싫어 나름 머리를 썼다. 마음의 허함이 느껴지면 사람들에게 심심하다고 말했다. 심심하다는 말은 훨씬 쉬웠다. 아무도 나를 사랑하지 않아서 외로운 게 아니라 시간이 있고 여유가 있어서 심심할 뿐이라고 스스로 주문처럼 되뇌었다. 달라지는 건 없었지만 그럴듯한 위로가 되었다. 시간이 있고 통장에 약간의 돈과 시간 그리고 함께할 친구만 있으면 됐다. 심심하다는 말은 사람이 그리웠던 그 시절에 제법 괜찮은 가림막이 되어 줬다. 외로움은 어떻게 달래야 할지 몰랐지만 무료함은 단순했다. 그냥 놀면 되었다.
 지금 돌이켜보면 누구에게도 말할 수 없는 비밀, 아무도 모를 마음이 이런 것일지도 모르겠다. 지금도 어디까지가 무료함이고 어디까지가 외로움인지 잘 모르겠다. 다만 잘 숨겼고 잘 속였다. 하지만 주의할 점이 있었다. 내 무료함을 기꺼이 계속 채워 줄 사람이 없었다. 외로움은 결국 드러났다.

 사람들은 흔히 혼자라서 외롭다고 한다. 하지만 사실 외로움은 지금의 삶이 힘들 때 느끼는 감정이었다. 삶의 방향이 틀린 것 같을 때, 해야 할 중요한 일이 있는데 그게 무엇인지 알지 못할 때, 만나고 싶은 사람이 있는데 어떻게 다가가야 할지 몰라 불안할 때, 사람들 속에 둘러싸여 있어도 혼자라 느껴졌다. 결국 '혼자'라는 기분과 '함께'라는 기분은 한 끗 차이였다. 인간관계에 긍정적으로 소진되었다면 오히려 방해받지 않는 혼자만의 시간을 외롭다고 착각하진 않을 것이다.

외로움을 비켜 가고 있을 때는 또 다른 불안이 있었다. 나보다 더 외로워 보이는 친구들을 보면서 연민이 몰려왔고 동시에 약간의 우월감도 느껴졌다. '쟤보단 낫지'라는 마음에 잠시 우쭐했지만 곧바로 더 깊은 자괴감이 찾아왔다. 외로움 앞에서 비교는 무의미했다. 연민은 내가 편해지기 위해 만든 이기심과 비교의 증거였고 결국 그 감정도 고스란히 다시 나에게 돌아왔다.

이상한 감정도 있었다. 당당하게 외롭다고 말하는 사람들을 볼 때의 묘한 부러움이었다. '외로우니까 연애하고 싶다' '세상 사람들이 다 나를 싫어하니 나도 싫어한다' 같은 말을 해맑게 내뱉으며 외로움을 인간관계의 도구처럼 쓰는 친구들을 보면 마치 다른 세상 사람들 같았다. 외로움을 당당하게 드러내는 그들은 전혀 외로워 보이지 않았다.

외롭다고 말하는 게 자존심을 건드린다면 그 어떤 방법으로도 행복해질 수 없다. 사람은 나약할 때 행복해지지 않는다. 마음을 솔직히 말할 수 없는데 어떻게 행복을 마주할 수 있을까. 타인의 시선을 두려워하지 않고 자존심에 얽매이지 않고 외롭다고 말할 수 있는 용기, 비어 있는 마음을 말과 행동으로 드러낼 수 있는 지혜. 눈빛과 표정으로 외로움을 긍정적으로 표현할 수 있어야 우리는 외로움에 다른 의미를 붙이고 이왕이면 사랑으로 채울 수 있다. 외로움을 무료함으로 감추는 데에는 분명 한계가 있다. 어떤 삶은 채워져야 행복하고 어떤 마음은 비워 내야 행복하다.

외로움을 억지로 견디며 타인에게 의존하는 것보다 외로움을 즐기며 스스로 자립하는 편이 훨씬 행복에 가까웠다. 즐기는 일과 견디는 일의 차이가 삶의 질을 갈라놓는다. 그 이전에 혼자 있는 시간을 잘 보내는 건 자립의 의미에서 가장 소중한 시간이다. 나를 위한 투자, 나를 데리고 살아내는 경험은 자유를 보장한다.

아이러니하게도 지독히 혼자 있고 싶던 나조차 결국 나를 존중해 주는 사람이 필요했다. 혼자 있는 시간에도 누군가와 연결되어 있다는 감각이 있어야 안심할 수 있었고 나를 사랑해 주는 확신이 있어야 충전이 가능했다. 혼자와 연결, 사람과 확신. 그래서 이제는 주저하지 않고 말한다. 그러므로 사람은 사람이 필요하다. 무료함과 외로움을 견뎌낼 수 있어도 함께할 사람은 있어야 한다. 직접 만나지 못해도 그리워할 사람이 있어야 한다. 기억할 사람이 있다는 건 없는 것과는 시작과 끝만큼이나 다르다. 외로움을 건강하게 지켜내려면 대화가 필요하고 마음을 교환해야 한다.

언젠가는 적당한 외로움을 즐길 줄 아는 어른이 되어야겠다.

12 /

대한민국 마흔 적응기

 이제는 마음만 먹으면 지구 반대편의 하늘 색깔을 알 수 있다. 손가락 터치 하나로 좋아하는 아이돌의 방도 본다. 본의 아니게 할 수 있는 일이 많아졌고 능력치가 업그레이드된 듯하다. 예전에는 전화를 걸어 직접 말해야 했는데 이제는 앱에서 몇 번만 클릭하면 주문과 결제가 끝난다. '집 앞에 두고 가세요'라는 메모로 서로의 시간을 지키는 배려가 가능해졌다. 인기척이 사라지면 문을 열고 음식만 가져오면 된다. 얼굴을 보지 않아도 되는 터치의 시대. 편리하지만 쓸쓸한 단절감이 따라온다.

 소통도 터치, 대화도 터치다. 메신저를 굳이 읽지 않는 것은

'지금은 부재중'이라는 의미고 SNS에 게시물은 올리지만 메시지를 읽지 않는 건 '나만의 시간을 보내고 있다'는 신호다. 무소식과 침묵, 거절 역시 소통의 한 방식이다.

이런 방식은 편리하지만 마음이 개인정보처럼 느껴진다. 쉽게 사고팔 수 있고 나쁜 사람에게 이용될 수도 있어 쉽게 내보일 수 없다. 덕분에 칭찬조차 무섭게 다가온다. "좋아요" "최고예요"라는 말이 돈을 내라는 신호처럼 느껴지기도 한다.
전하고 싶은 게 마음뿐이라면 믿어 줄까. 그 마음만 온전히 있다면 굳이 드러내지 않아도 되는 것일까. 좋은 어른, 좋은 선배가 되고 싶은 마음은 누구에게 보여야 할까. 나 혼자만 간직해야 하는 것일까.

그럼 많이 외로울 것 같다.

13 /

좋은 어른이 되는 건 어려워

 사람과 사람 사이에는 선이 있고 그 선을 넘어가지 않는 것이 기본 도덕이 되었다. 근본적인 질문을 하나 해 보자. 도덕이란 무엇인가. 어린이에서 어른이 되는 동안 도덕 교과서는 몇 번이나 개편되었고 시험에서 옳다고 찍었던 답들은 나이가 드니 좀 이상해 보인다. 어른이 되어서도 초등학교 때 배웠던 도덕대로만 살면 사는 게 몹시 피곤하다. 약한 사람을 돕는 것보다 강한 사람과 함께 일해야 어깨라도 펼 수 있고 이해와 양보보다는 일단 내 몫을 챙기는 것이 어른의 바른 생활이라 할 수 있다. 그렇다면 어른에게 도덕을 다시 가르친다면 그 내용은 달라질까.

정직한 어른으로 도덕적으로 산다는 건 그 자체로 위인전에 오를 만한 업적인 듯하다. 이 험한 세상에서 착하게 살려면 마음과 금전의 여유가 있어야 하고 몸도 건강해야 한다. 신체의 자유를 누리려면 법적 정당성보다 우선 사지가 멀쩡해야 한다. 교통사고, 혹독한 날씨, 카드 값, 각종 사건 사고들. 세상에는 내 몸을 위협하는 요소가 너무 많다. 여기에 운과 타이밍 그리고 사람도 중요하다. 좋은 사람들만 곁에 있어야 비로소 도전할 만하다.

좋은 어른으로 살기 위한 준비가 이토록 고된데 누가 감히 착하게 살겠다고 마음먹을까. 직접 해를 끼치지 않는다고 해서 문제없는 것도 아니다. 얼굴의 표정조차 제약이 있다. 행동과 말을 조심해야 하듯 표정도 때와 장소에 맞아야 한다. 표정 하나로도 기분과 메시지가 전해지고 그것이 상대를 불편하게 만들 수 있기 때문이다. 내 기분이 아무리 나빠도 그 감정이 상대에게 전해지면 안 된다. 비록 의도하지 않았더라도 말이다.

지독히 내향적인 나는 회사 생활을 하면서 내 표정이 고장 났다고 느낀 적이 많았다. 모든 것을 다 드러낼 수는 없었다. 민낯을 숨기기 위해 늘 화장으로 얼굴을 가렸고 맥주 한 모금에도 온몸이 빨개지면서도 회식 제안에 흔쾌히 웃는 표정을 지었다. 업무 지시를 할 때는 근엄한 표정을, 윗사람 앞에서는 긍정 가득한 얼굴을 지어야 했다. 그 모든 표정이 옳은 표정이었고 월급의 대가로 지어야 했던 책임 있는 표정이었을 것이다. 무서운 건 그 순간에는 표정대로 마음이 변해 있었다는 것이다.

중요한 자리에서 얼마나 억지로 웃었는지를 따져 보며 사회생활을 잘하고 있다고 믿었다. 승진과 조금씩 오르는 급여는 '맞지 않는 표정을 견뎌낸 나'를 격려해 주었다. 한 달에 5만 원, 10만 원이면 내 표정을 팔 수 있다고 생각하며 감사했다.

그러나 마음과 다른 표정을 짓는 건 상상 이상으로 힘든 일이었다. 거짓말을 하는 것보다 거짓말을 유지하는 게 더 어렵듯, 사람도 쉽게 마음을 들키고 틀린 표정으로 살면 금방 탈이 난다. 나 역시 결국 탈이 났다. 가끔은 내 표정을 더 심각하게 고장 냈더라면 회사에서 더 인정받고 높은 급여를 받았을까 고민했지만 그건 결국 나를 위한 일이 아니었다.

정말 단순하고 당연해 보이지만 성실하게 사는 사람일수록 잘 하지 못하는 일이 있다. 바로 아이 같은 솔직한 감정 표현이다. 어른이 되면 기쁘다고 웃고 슬프다고 울고 배고프다고 소리치는 단순한 감정을 숨긴다. 억울할 때조차 억울해도 괜찮은지 눈치를 본다. 그 단순하고 본능적인 감각조차 숨길 수 있어야 비로소 어른이 된다고 생각하며 우리는 그렇게 살아가고 있다.

  내가 왜 이런 기분을 느끼는지 골똘히 생각하지도 않으면서 사회적으로 합의된 기쁨과 슬픔에는 기꺼이 따르며 산다. 좋을 때 마음껏 기뻐하지 못하고 힘들 때 마음껏 슬퍼하지 못한 채 괜찮다고 말하면 그게 좋은 사람인 줄 안다. 그대로 드러내기보다 참기에 더 익숙해진 건 어른스러움일까 아니면 솔직하지 못한 것일까. 어쩌면 타인의 기쁨과 슬픔을 거스르지 않기 위해 내 기쁨과 슬픔을 스스로 거스르고 있는지도 모르겠다.

  기분을 드러내는 게 괜찮은 건지 그 기분에 짝지을 단어와 문장을 내가 알고 있는 건지 늘 어렵다.

  여기저기 휩쓸리며 살다 보니 언제나 같은 자리에서 나를 기다려 주는 단단한 무언가, 변하지 않고 오롯이 내 것인 무언가가 필요했다. 돈이나 가치로 따지고 계산할 필요 없는 기준, 흔들리지 않는 잣대 말이다.

14 /

세상에서 유일한 것

 사십 년을 살면서 단 한 번도 바뀌지 않은 건 내 이름이었다. 내 이름은 김현주다. 태어날 때부터 지금까지 변함없다. 그런데 이름과 성이 너무도 흔했다. 현명할 현, 예쁠 주. '현명하고 예쁘게 자라서 훌륭한 어른이 되라'는 뜻으로 아버지가 지어 주셨다고 한다. 감사한 일이지만 조금은 황당하다. 평생을 짊어진 나의 정체성과 나다움을 지목해 주는 이름조차 내가 직접 선택한 게 아니니 삶은 수동적이고 불완전하게 시작된 기분이었다. 만약 내가 이름을 직접 지을 수 있었다면 절대로 흔한 이름으로 짓지 않았을 것이다. 태어난 기념으로 세상에 단 하나밖에 없는 이름을 선물했을 것이다.

철이 들고 스스로 성숙해졌다고 느낄 무렵, 주민등록증을 발급받을 때라도 이름을 직접 바꿀 수 있었다면 어땠을까. 더 특별한 존재로, 독립적인 사람으로 살 수 있지 않았을까. 어릴 적부터 이름이 뭐냐는 질문에 '현주'라고 대답하면 늘 돌아온 반응은 "흔한 이름이네"였다. 태어나서 단 하나뿐인 특별한 존재라기보다 1985년에 태어난 수많은 아기 중 하나, 대한민국 오천만 중의 평범한 시민이라는 말 같았다. 나는 어디에나 있을 법한 사람처럼 흔하디흔한 이름처럼 살았다.

첫 에세이를 출간하고 사이트에 인물 등록을 하기 전에 내 이름을 검색해 보았다. 많을 거라 예상했지만 이정도일 줄은 몰랐다. 무려 120명 정도가 검색되었다. 배우 김현주 그리고 본명이 김현주인 한가인을 제외하면 대부분 잘 모르는 사람들이었다. 하지만 그들 역시 각자의 자리에서 김현주라는 이름으로 살아가는 사람들이었을 것이다. 어쩌면 나처럼 이름에 불만을 품으면서도 열심히 사는 평범한 사람들이겠지. 나 또한 그들의 검색 결과에 걸린 한 사람일 뿐이고 다른 김현주들이 나를 보고 '얘는 또 뭐야?' 했을지도 모른다.

물론 방법은 있다. 개명을 하면 된다. 법적 절차를 거치면 다른 이름으로 살아갈 수도 있다. 하지만 이름은 내 것이면서도 동시에 지어준 이의 것이다. 이름의 '저작권자'는 아버지고 이제야 조금씩 사랑하기 시작한 아버지는 이빨 빠진 호랑이처럼 늙어 있다. 이름은 내가 부르는 것보다 듣는 일이 더 많다. 나를 부르는 사람들에게 더 많이 사용된다. 아마도 나를 오래 사랑해 준 사람일수록 내 이름을 더 많이 불러 주었을 것이다. 그렇기에 내가 이름을 바꾸어 버린다면 내 이름을 지으며 행복했을 부모님의 마음과 추억을 빼앗는 일이 될 것 같았다. 엄마의 삶이 자식들로 가득 차 있다면 그 전부를 빼앗는 일이 될 것 같았다.

그래서 나는 다른 방법을 택하기로 했다. 부모님이 내 이름을 부를 때 지었던 표정들을 기억하며 그 표정들과 함께해 준 사람들을 소중히 간직해 평생 내 이름으로 살아가기로 했다.

이제야 내 이름이 참 좋다. 사십 년을 나로 살아보니 나는 지극히 평범했다. 그렇게 사는 건 나쁘지 않았다. 아니 오히려 좋고 사랑스러웠다. 글을 쓰고 천천히 느리게 사는 지금의 삶이 좋다. 내 삶이 좋아지니 이름도 좋아졌다. 김현주라는 흔한 이름을 가진 사람은 많지만 나처럼 살아가는 김현주는 오직 나뿐이다. 흔하던 내 이름은 앞으로 점점 더 촌스러워질 테지만 촌스러움을 애정하면 그것 또한 문제가 되지 않는다. 아마 큰 탈 없는 한, 내 이름을 인정하고 받아들이며 나를 불러 주는 사람들에게 감사하고 만족하며 계속 흔한 이름으로 평범하게 살아갈 것이다.

 어제와 아주 조금 다른 일이 일어나더라도 기꺼이 기쁜 하루다. 나를 불러 주는 사람들과 함께 어제와 비슷하면서도 다른 하루를 살아간다. 결국 나에게 변하지 않는 건 단 하나, 내 이름뿐이다.

'기록'이 가르쳐 준 마음

01 /

기록의 이유

 스무 살에는 스무 살만큼, 서른 살에는 서른 살만큼, 마흔 살에는 마흔 살만큼의 경험이 있다. 경험만큼 생각할 수 있고 아는 만큼 글을 쓸 수 있다. 그래서 글쓰기는 어쩌면 나의 한계와 인내심을 시험하는 일이다. 글을 쓰다 막히는 순간은 잘 모르거나 인정하기 싫거나 드러내 보이고 싶지 않은 지점에 다다랐기 때문이다. 경험과 마음을 모르면서 아는 척할 수 있는 글쓰기는 없다. 아니, 있긴 하겠지만 그건 표절일 뿐이고 금방 드러난다.
 글을 쓰겠다고 마음먹고 노트북 앞에 앉으면 마음이 차분히 가라앉는다. 그런데 이 차분한 상태에서조차 나 자신에게 솔직하지 못하면 글은 쓰이지 않는다. 결국 가만히 있어야 하는 괴로운 시간을 보낼 뿐이다. 글쓰기가 어렵고 두렵다고 말하는 사람은 글쓰기 실력의 문제가 아니라 마음을 차분히 가라앉히는 법, 생각을 처음부터 더듬어 가는 법, 기분을 낮추어 다스리는 법을 잘 모르는 것이다. 어쩌면 그런 경험을 한 번도 제대로 해 본 적이 없을지도 모른다.

 팍팍한 현실을 살아내며 마음의 평화를 유지하려면 나만의 도 닦는 방법이 필요하다. 마음을 가다듬고 평온함을 지키는 일, 치열하게 경쟁하며 최고가 되려는 이유도 결국 삶의 균형과 평정심을 위한 것일 터다. 이겨야 마음이 평화로워지고 목표라도 있어야 안정된다. 오늘의 하루가 내게 꼭 맞는 옷이라 믿는 것, 보통의 하루가 근사하다 믿는 것 그래서 내일도 오늘처럼 이어질 거라 믿는 것. 도를 닦아야 겨우 얻을 수 있는 최소한의 얄궂은 믿음이었다.
 글을 쓰는 동안, 그러니까 글을 통해 도를 닦으며 기준이 많이 바뀌었다. 행복과 기쁨, 목표와 포기, 성공과 과시 그리고 타인에게 보이는 나와 내가 생각하는 나에 대해서도 기준이 바뀌었다. 세상을 바라보는 눈동자와 뇌 사이에 시선이 있다면 그 과정을 바라보는 법 자체가 달라졌다.

글을 쓰기 전에는 '믿음'이란 타인이 나에게 주는 것이라 여겼다. 마치 믿을 만한 인격을 갖춘 사람이 운명처럼 나타나 내가 신뢰하는 것이라 생각했다. 믿을 만한 사람은 이미 정해져 있다고도 여겼다. 그런데 나이가 들고 글을 쓰면서 알게 되었다. 사람 사이의 믿음은 외부에서 주어지는 선물이 아니라 내 안에서 시작되는 것이었다. 우연히 주어지는 것이 아니라 함께 쌓아가는 평생의 노력, 끊임없이 도를 닦으며 알아차려야 하는 내면의 숙제였다.

글쓰기는 마음 편히 살기 위한 실천이다. 감정과 생각을 정리할 수 있는 가장 쉽고 확실한 방법이다. 잘하고 못하는 게 따로 없다. 엉덩이로 앉아 손으로 쓰고 마음으로 읽고 생각으로 정리하며 언어로 나열하는 글은 곧 안정감으로 이어진다. 노트북을 열고 '이제 써야지' 하고 마음먹는 순간에도 그렇다. 차분해진 자기 자신에 익숙하지 않아 어딘가 비어 있는 기분이 갑자기 느껴져 겁이 난다.

하지만 글을 쓰며 마음을 훑어보고 울고 싶으면 울고 후회가 남으면 후회하고 미련이 생기면 붙잡아 보면 된다. 그렇게 마음 가는 대로 반복하다 보면 내 행동의 결이 드러나고 마음의 결과와 까닭이 느껴진다. 마음과 행동의 결만 보여도 괜찮은 내일을 대비할 수 있다.

삶의 경험이 쌓일수록 마음속에 남는 감정은 많아진다. 그것을 글로 꺼내면 잘 보내 줄 수 있다. 시간에 바래 어떤 모양으로 변할지 어떤 냄새가 날지 알 수 없는 마음들을 억지로 붙잡지만 않는다면 삶은 충분히 가벼워진다. 나도 모르게 치렁치렁 매달고 살던 거스러미 같은 상처들을 글을 쓰며 하나씩 떼어낼 수 있다.

19세기 철학자 존 스튜어트 밀(John Stuart Mill)은 '배부른 돼지가 될 것이냐, 배고픈 소크라테스가 될 것이냐'고 물었다. 하지만 먹방(먹는 방송)이 돈이 되고 먹는 즐거움이 최고인 21세기에서 배부르면 행복한데 돼지면 어떠한가. 지금 행복하면 만사형통 아닌가. 존 스튜어트 밀이 지금 시대에 다시 태어나 자본주의의 맛을 본다면 과연 소크라테스를 선택할까. 잘 먹고 등 따신 때깔 좋은 돼지도 충분히 매력적이지 않은가.

어쩌면 소크라테스도 현대에 다시 태어난다면 명품 옷을 입고 맛집을 찾아다니며 해외여행을 즐기고 조회 수 터지는 콘텐츠를 제작했을지도 모른다. 질문을 통해 스스로 깨우치게 했다는 소크라테스의 산파술이 질문이 중요한 이 시대에 오히려 더 어울릴지도 모른다.

"너 자신을 알라"라고 말한 소크라테스와 세상을 전부 아는 AI의 대결도 흥미로울 것이다. 하지만 지금 같은 세상에서 소크라테스도 과연 조용히 사유하며 도를 닦을 시간이 있었을까. 혹시 "너 자신을 알라"라는 말조차 못하고 자존감을 찾아 훌쩍 떠난 인플루언서가 되어 있지 않았을까. 음, 알 수가 없지.

결국 기억하는 사람이 성공한다. 기억하려면 기록해야 한다. 마음속으로 나 자신을 차분히 기억할 때 어제와 오늘 그리고 내일이 이어지며 더 괜찮은 미래가 보장될 것이다. 사람의 기억력은 놀라워서 이십 년 전의 생각도 떠올릴 수 있다.

그 생각을 단어와 문장으로 만들어 타인과 대화할 수 있고 오늘 나는 대화와 감정, 그 속의 사랑은 다시 어제를 담은 글로 이어진다. 어떤 생각은 계속 이어지고 어떤 생각은 방향을 틀기도 한다. 그때는 틀렸지만 지금은 맞다고 여기거나 여전히 잘 모르겠다는 소박한 대화들을 기록하기 위해 나는 지금도 글을 쓴다.

02/

하찮은 평화

 사십 년을 큰 사고 없이 멀쩡하게 살아냈으니 그 자체로 경이로운 일이다. 아직 몸에 수술이나 깁스를 한 적도 코피가 터질 만큼 몸을 쓴 적도 119나 112에 도움을 청한 적도 없다. 건강한 마음으로 몸을 관리할 수 있다고 생각하니 꽤 괜찮은 사람이 된 기분이다. 살아남아 준 기특한 몸뚱어리를 안고 곰곰이 생각해 보니 타고난 게 없다는 것, 잘난 점이 없다는 것, 특별한 재능이 없다는 것이 오히려 나만의 하찮은 평화를 만들어 주었다.

 나에게 글쓰기는 애매한 재능이었다. 남들보다는 빠르고 길게 쓸 수 있어 재능 같기도 하지만 어떤 대회에서도 상을 받지 못할 정도로 주목받지 못하는 재능이었다. 취미라기엔 확실히 특기에 가까웠고 재능이라 하기엔 특출나지 못한 그 애매함이 길고 얇게 나를 괴롭혔다. 엄마는 나에게 이 애매한 재능 하나만 주었고 여러 일을 한꺼번에 하지 못하는 천성과 좋아하는 일 앞에서 단순하게 몰입하는 성격까지 함께 주었다. 요즘처럼 다재다능해야 살아남는 세상에서 애매한 재능에 꾸준함과 소망을 담아도 되는지 모르겠다. 사람들은 손쉽게 그 애매한 재능의 옳고 그름을 평가한다. 그래도 성실하게 꾸준히 쓰는 건 엄마보다는 아빠 쪽을 닮은 듯하다. 아무튼 나는 이 모든 것을 감사히 여긴다.

별수 없다. 그러니까 뾰족한 수가 없다. 애초에 뾰족한 수를 찾을 만큼 위기 대응 능력이 탁월하지도 못하다. 다만 꾸준히 쓰는 시간을 늘리고 나의 소중한 시간을 글쓰기에 내어주고 지치지 않고 오래 쓰겠다고 다짐하며 시간에 기대를 걸 뿐이다. 성실함의 기쁨을 느끼는 힘은 언젠가 재능을 대신해줄 것이다. 조금 더 솔직히 말하면 나는 그저 그런 사람이다.

시간은 경험을 주며 재능과 꿈을 나아가게 만든다. 시간은 소망보다 더 오래, 더 깊게, 더 멀리 흐른다. 결국은 시간이 다 이겨낸다고 믿는다. 그 시간 동안 함께할 사람을 찾고 마음을 나눌 사람을 만나고 힘들 때 나누며 평생 함께할 사람을 만나면 된다.

원하는 일을 착실히 해나가면서 기쁨을 소홀히 하지 않았을 때 어느 순간 나도 모르게 행복해하고 있었다. 지금을 사랑하면 함께하는 사람을 사랑하게 됐고 그 순간들 자체가 존재의 이유였다. 그 사람을 사랑하는 나 자신을 사랑했다. 사랑하며 살아가는 삶의 익숙함, 익숙함에 다정함을 담을 줄 아는 마음은 타인과의 관계에도 이어졌다.

시간과 타협하고 타인과 함께 살기 위해서는 아이러니하게도 혼자 있는 시간이 필요했다. 혼자서 잘 산다는 건 혼자인 나를 데리고 건강하고 씩씩하게 살아내는 것이다. 나를 데리고 잘 살아 본 경험이 있으면 타인과 함께하는 관계는 비교적 쉽다. 나를 대하듯 타인을 대하고 타인을 배려하듯 나 자신을 배려하며 자신에게 친절한 만큼 타인에게 친절하고 타인에게 친절한 만큼 나를 돌보면 된다. 순서는 상관없다. 더 잘하는 것을 먼저 하면 된다. 나를 돌보는 방법으로 타인을 돌볼 수 있고 타인을 돌보듯 나를 아껴 주면 된다.

나이가 들면서 체력만큼 마음도 금세 바닥을 드러냈다. 나를 잘 알수록, 타인을 잘 알수록, 배려를 많이 할수록 더 빨리 닳았다. 그러나 그것은 친절해지고 다정해지려 애썼기 때

문이라 여긴다. 잘해 보려는 노력 속에서 느낀 닳음은 오히려 당연한 기쁨이라고 믿는다.

　모든 사람에게 주어지는 24시간은 같지만 누군가는 잠을 줄이고도 생활할 수 있고 또 누군가는 일정 시간 이상 자야만 살 수 있다. 체력도 사람마다 달라 같은 시간 안에 처리할 수 있는 일의 양과 질이 각기 다르다. 어떤 사람은 밤에 더 활발히 움직이고 어떤 사람은 혼자 스스로 추진하는 게 맞지만 또 어떤 사람은 시키는 일만 하는 게 속 편하다. 우리는 흔히 모두 자유를 꿈꾼다고 말하지만 늘 예외는 있다. 그 0.1%의 예외가 내가 될 수도 있다.
　나는 더 많이 헤아리고 배려하기 위해 에너지를 많이 쓰는 만큼 충분히 충전하는 시간이 필요하다. 그래서 시간 앞에서 철저히 개인주의가 되었다. 내 시간은 오롯이 나를 위해 쓰고 싶다. 타인에게 빼앗기고 싶지 않다. 물론 너그러운 마음으로 나눠 줄 순 있지만 적어도 빼앗기며 살진 않을 것이다. 무엇보다 내 시간을 빼앗기지 않아야 너그럽게, 우아하게 나눠 줄 수도 있기 때문이다. 그래서 시간 앞에서는 나를 가장 먼저 생각한다.

　나를 위한 시간을 잘 활용하는 사람의 삶은 안정적이다. 시간은 젖은 손수건 같아서 쥐어 짜내면 어떻게든 나온다. 시간이 없다는 건 결국 마음이 없다는 뜻이다. 애초에 손수건에 물기가 없다는 의미다.

시간 앞에 개인주의를 선언해야 다양한 사람을 만날 수 있다. 다양한 사람을 만나야 더 좋은 사람들을 만날 수 있다. 우리는 이미 다른 삶을 가진 상태로 사람을 만나고 그들과 헤어진다. 사랑을 했던 사람과 사랑하고 타인에게 사랑받았던 사람을 내가 사랑한다. 마음 앞에 새것은 없다.

사십 년 정도 살아보니 만난 사람들의 삶이 보인다. 누구를 만나도 그 삶이 보여 모르는 척할 수가 없다. 그 사람의 세상이 느껴지고 그 삶을 들어보는 일이 참 재미있다. 물론 노력도 해야 한다. 틀렸다고 생각하더라도 이해하는 척, 감정을 그대로 드러내지 않기 위해 약간의 괜찮은 척도 해야 한다. 그렇게 적절한 척을 하면서 그 사람의 세월 속에 담겨 있는 흔적들, 그 사람의 인생을 담은 말투와 표정 그리고 인격이 함께 나에게 왔으니 기꺼이 혼자서 소화할 시간이 필요하다.

나를 위해 쓰는 시간은 얼마나 되나. 돈을 벌고 책을 읽고 성장하기 위한 시간 말고 흘러보내도 사책하지 않을 시간이 있기나 하나. 무색하게 흐르는 시간 앞에서 내가 혼자인 시간을 인정받기 위해서 타인의 혼자일 시간을 존중하는 마음이 '시간적 개인주의'다. 나의 시간이 소중한 만큼 타인의 시간 역시 소중히 여길 수 있다면 앞으로의 인간관계가 평온할 테고 그 정도면 인생 헛살진 않았다.

시간적 개인주의 시점으로 나를 돌아보았을 때 나는 타인과 함께하는 시간이 나쁘진 않지만 혼자 있을 때 훨씬 더 생산적인 사람이 된다는 것을 알게 되었다. 그래서 나는 혼자여도 괜찮고 함께여도 괜찮은 사람이 되어 간다.

03/

자기소개

 글쓰기 수업을 진행할 때는 짧게라도 참여자들이 자신을 소개하는 시간을 가진다. 같은 공간에서 나에 대해 말하고 타인의 이야기를 들으며 친근감을 쌓기 위함도 있지만 조금 더 깊은 의미가 있다. 자기소개는 새로운 모임에서 마음을 바짝 조이게 하는 순간이다. 내가 직접 나를 소개한다는 일은 생각만큼 쉽지 않다.

 자기소개를 하기 위해서는 몇 가지 전제가 필요하나. 내가 어떤 사람인지 알고 얼마나 솔직하게 보여 줄지 또 타인에게 어떻게 보이고 싶은지를 고민해야 한다. 일상에서는 이름, 얼굴, 몸태, 명함이나 타고 다니는 차 같은 것들이 이미 나를 대변한다. 반대로 이런 것들이 없다면 무엇으로 나를 설명하고 어디에서 나를 찾아야 할까.

 자기소개는 두근거리는 마음으로 단어를 선택해 말하고 타인의 반응을 확인하는 기회다. 원하는 이미지로 나를 드러내고 동시에 사람들의 반응으로 스스로를 돌아본다. 나를 어떻게, 어디까지 전할지 범위를 정하며 솔직함의 정도를 조율한다. 이때 대부분의 사람들은 편견 없이 호기심과 관심으로 바라본다.
 모임에서 자기소개를 듣고 실망하는 경우를 본 적이 없다. 누구의 엄마, 아내, 첫째 딸, 둘째 아들, 어느 회사의 대리 혹은 ○○아파트에 사는 사람은 온전한 나의 모습이 아니다. 이름을 밝히기 싫다면 닉네임을 써도 되고 성격과 취향을 말해도 된다. 중요한 건 이 모임에 '오롯한 한 사람'으로서 나 자신이 있다는 점이다.

 자기소개는 객관적인 자료라기보다 내가 보여 주고 싶은 나의 모습이다. 사회생활 속에서 적당히 다듬어진 태도와 긍정적인 대화를 위한 배려가 녹아 있다. 나에 대한 객관적인 정보가 어디 있겠는가. 모임을 대하는 태도, 기분 역시 하나의 소개다. 이력서에 쓰는 자기소개와 친밀감을 쌓기 위해 하는 자기소개는 전혀 다르다.

어떻게 나를 소개할지 고민하다 보면 자연스럽게 나에 대해 진지하게 고민하게 된다. 잘하고 싶은 만큼 더 진중해진다. 늘 사회적 배려 속에 가려져 있던 솔직함의 정도를 돌아보게 된다. 취업을 위한 이력과 달리 이름, 나이, 재산, 차, 가족 같은 것들을 모두 뺀 나를 점검하는 것이다. 숫자로 표현할 수 있는 것들을 최대한 배제하고 장점인지 단점인지 애매한 부분은 장점이라 말한다. 취미와 취향, 잘하는 것, 좋아하는 것, 그동안 자랑하지 못했던 것을 꺼내어 말해도 된다. 없다면 지금의 기분을 말해도 좋다.

이왕 하는 거라면 못난 점보다는 잘난 점을, 잘난 점이 잘 보이지 않는다면 되고 싶은 나의 모습을 그려보고 천천히 찾아가면 된다. 처음 만난 사람에게 어떤 모습으로 보이고 싶은지를 고민하고 그 모습으로 글과 말로 타인과 소통하다 보면 결국 오롯한 나를 찾을 수 있다.

같은 사람이라도 모임이나 상황에 따라 소개는 달라진다. 나에게 여러 모습이 있고 삶의 태도 역시 하나로 설명할 수 없듯 자기소개도 때와 장소에 따라 달라지기 때문이다. 누구나 항상 같은 모습일 수 없다.

모든 사람은 제각기 성격이 다르지만 결국 우리 모두 평범하다. 우리는 사계절의 경계가 무너진 대한민국에서 평범하게 살아간다. 그런데도 자본주의는 '누구나 특별하다'는 말로 보통의 행복을 흔들어 놓는다. 하지만 잘하는 것이 있는 만큼 못하는 것도 있듯 삶은 균형 속에 서 굴러간다. 자신감 넘칠 때도 있고 소극적일 때도 있는 건 누구나 마찬가지다.

 물론 사람마다 자신만의 유난함이 있다. 잘나지 않아도 특출하지 않아도 살아온 날들과 지금의 과정은 각자에게 유난하다. 사람은 언제나 지금의 기쁨이 가장 기쁘고 지금의 슬픔이 가장 슬프며 지금의 아픔이 가장 아프다. 그래서 지금의 모습이 가장 특별하다. 지금의 유난함을 사랑해 주는 사람, 반복되는 일상 속 곁에 있는 사람들이야말로 보통의 삶을 버티게 해 주는 힘이다.

 결국 중요한 건 자기소개는 자신이 가장 잘한다는 사실이다. 그 단순한 사실이 삶을 지지해 주는 커다란 힘이 된다.

04/

내향인의 침묵

 사람이 평생 만날 수 있는 인연의 총량이 있다면 나는 이미 그 몫을 다 채운 것 같다. 부모님은 바뀌지 않을 것이고 좋은 스승을 만나기엔 내 머리가 이미 너무 굳어져 버렸다. 더는 새로운 연애를 시작할 생각도 없고 이 험한 세상에서 사람을 쉽게 믿지 않으니 새로운 친구와 우정을 쌓을 계획도 없다. 도파민이 터지는 재미있는 곳에서 삶을 더 다채롭게 만들고 싶은 욕심도 없다. 그저 지금 곁에 있는 사람과의 소중함을 키우고 그 사람과 새로운 사이가 되어가는 것, 사랑하는 사람이 늙어가는 모습을 보며 챙기는 것, 일로 만나는 사람들과 진행하는 일에 최선을 다하는 것, 가족들과 엉킨 오해와 진심을 풀어가는 것. 사람에게 내가 질 수 있는 책임은 그 정도면 충분하다.

 나이가 들수록 에너지는 더 줄어들고 더 내향적으로 변할 것이다. 혹여 남는 힘이 있다면 그 힘을 나 자신에게 쏟고 싶다.
 그래서 나는 나와 결이 맞지 않는 일은 슬며시 피한다. 특히 사람인 경우에 더 그렇다. 피할 수 있는 사람은 당연히 피하고 갑작스레 삶을 흔들 수 있는, 언젠가는 나를 곤란하게 할지도 모를 예기치 않은 인연들도 피한다.

 회피 또한 훗날의 평온을 위한 하나의 선택이다. 갑자기 생겨나는 호감에 대한 경계이자 불청객으로 인해 내 삶이 휘청거리지 않게 하기 위한 감정조절이다. 예민한 내가 안녕한 내일을 위해 공들여 하는 훈련이기도 하다. 회피하면서 시간을 벌고 그 시간에 '덜 비겁할 수 있는 방법'을 연구하며 나 자신에게 집중하는 시간을 갖고 싶다. 나이가 들수록 더 나의 의지대로 더 행복하게 살고 싶은 소망이 간절한데 잘나지 못해도 비겁하지 않을 마음의 체력을 기르고 싶다. 현실과 의지의 차이가 클수록 사람은 비겁해지기 마련이니 그 사이에서 중심을 잡을 맷집을 키우는 것이 중요하다.
 무슨 말을 할지 어떻게 웃을지 뻔히 보이는 사람, 아무도 지지하지 않아도 누굴 사랑할지 굳이 묻지 않아도 쉽게 알 수 있는 사람, 그렇지만 부지런히 마음을 다듬고 또 자연스럽게 마음을 쓸 줄 아는 사람이고 싶다.

오늘도 안녕하기 위해서 잘하는 것만 하고 못하는 것은 회피한다. 글 쓰는 것 말고는 정말 잘하는 게 없다. 좋아하는 것을 적극적으로 찾아다닐 수도 있지만 싫어하는 것을 소극적으로라도 피하면 결국 조금이라도 좋아하는 것이 남는다. 무향무취인 것처럼 타인의 기분을 맞추되 내가 싫어하는 것만 잘 피할 수 있다면 그래도 제법 어른스러운 것 아닐까.

글쓰기 외의 시간은 대충 보낸다. 이것저것 시작하고 도전하면 더 활기차게 다양한 경험을 하며 살 수 있겠지만 남들 하는 것을 모두 따라 하면 분명 쭈그러들 것이다. 내 앞가림을 잘할 자신이 없다. 요리도 잘 못하고 먹는 데 큰 의미를 두지 않는 것도 어떤 의미로는 기회비용을 계산한 회피다. 도파민을 좇지 않고 도서관에서 시간을 보내는 것도 제대로 살기 위한 내향적 훈련이자 적극적 회피라 살아남는 데 도움이 된다. 여기저기 기웃거리지 않고 하던 것만 꾸준히, 하나를 지속하며 질리지 않기 위해 소소한 즐거움을 유지하고 좋은 기억을 쌓는 것도 마음 수련이다. 회피 때문에 비겁해 보일 수도 있고 피하기 위한 손해를 감당해야 할 때도 있지만 내 방식대로 할 수 있는 것을 한다.

"왜 그렇게 글을 쓰면서 사세요?"라는 질문에는 그럴듯한 대답이 많다. 나를 표현할 수 있고 있는 그대로의 나를 받아들이며 생각을 정리할 수 있다. 그런 생각들을 안 해 본 것은 아니다. 그런데 언젠가부터 그런 대답들이 무색해졌다. 글쓰기의 질문이 진지해질수록 그 대답 앞에서 눈물이 난다. 만약 삶이 뻥뻥 뚫려 미래에 대한 확신과 깨끗한 시야를 보장해 준다면 글 따위 쓰지 않고 보험도 들지 않고도 편안하게 살 수 있을 것이다. 그러나 매월 보험금을 납입하듯 글을 써 온 덕분에 애써 살아온 삶을 사랑하게 되었다.

 소심한 사람은 어쩔 수 없다. 휘발되어 버리는 생각이 아쉽고 말만으로는 부족하여 글로 남기고 싶고 싫은 것들은 회피하고 싶고 순간적으로 나의 표정과 마음이 휘발되는 것을 들키고 싶지 않아 글로 허세를 부리기도 한다. 내향적인 사람은 도망도 소심하게 간다. 아무도 모르게, 혼자서 훌쩍-

 행복이 만만했던 건 품이 작아서였고 삶이 만만했던 건 세상을 보는 눈이 얕아서였다. 책임을 알게 되면서 몰려오는 염려와 처음 맞닥뜨리는 낯선 두려움 앞에서는 결코 자유롭지 못하다. 버킷리스트, 마감이 붙은 숙제들, 숙제를 끝내고 제출하는 일, 막막함과 당혹스러움. 언제, 어디에 그 결과를 내보여야 할지, 채점해 줄 믿을 만한 심판이 없다는 사실도 나를 불안하게 했다. 아는 것이 많아질수록 남의 채점에 불만이 생기며 그 점수는 내 점수가 아니라고 생각하게 된다. 결국 내가 얼마나 열심히 살았는지는 나만이 안다.

 나이가 들수록 보상보다 의무를 더 잘 알게 된다. 그래서 멀리 도망치지도 못하고 도망가도 가까운 곳으로만 간다. 언제든 돌아올 수 있는 곳, 전화하고 메시지를 보낼 수 있는 반경 안으로 떠난다. 고행을 자초하지 않고도 몸이 편한 방법을 택한다. 약속을 줄이고 핸드폰을 무음으로 돌리고 체력에 맞게 움직인다. 잠은 편히 잘 수 있는 곳에서 잔다.

 언제라도 연결될 수 있게. 다만 아무도 내가 도망 중이라는 것을 모르도록.

05 /

루틴

"글 쓰는 작가가 루틴도 없어요?"

유난히 따뜻했던 어느 날, 독서 모임에서 만난 분이 물었다. 글을 쓰진 않지만 책을 좋아하고 읽기를 즐기는, 인문학적 소양이 깊은 분이었다. 그리고 그날은 처음 만나는 자리였다. 세상에 어떻게 그럴 수 있냐는 듯 믿기 어렵다는 눈빛으로 크게 동그라진 눈이 나를 향했다. 단순한 호기심이 아니라 '밥은 먹고 다니니?'와 같은 '글은 쓰고 다니니?' 하는 확인에 가까웠다.

조금 주눅이 들었지만 없는 루틴을 있다고 말할 수는 없었다.
"네, 특별한 루틴은 없어요. 시간 날 때마다 최대한 써요. 그냥… 씁니다."

 다행히 특별한 루틴 없이도 거의 매일 글을 쓸 시간이 있었다. 루틴이 없어도 자기 전엔 내일 쓸 분량과 내용을 정해 두고 아침에 일어나면 대부분의 시간을 자연스레 글쓰기에 쏟았다. 특별한 규칙이 있어서가 아니라 어제 쓰다만 글이 늘 노트북 안에 있었기 때문이다. 글은 완제품이 될 수 없으니 쓸 수밖에 없었다. 이미 써 둔 문장을 고치고 생각을 고치고 고쳐진 생각으로 글을 다시 다듬으면서 나의 마음과 생각은 일상이 되어 차곡차곡 쌓여 갔다.

 한창 '미라클 모닝' 루틴이 유행할 때 '세상에 부지런한 사람들이 참 많구나' 하고 생각했다. 새벽 다섯 시에 일어나면 기력은 바닥이고 세상 누구보다 불행하며 더 자고 싶다는 욕구밖에는 떠오르지 않았다. 백만장자가 그 방법으로 사업을 확장하고 돈을 벌었다 해도 나는 못 한다. 아침에 특히 기운이 없고 체력이 빈약한 나에게 미라클 모닝은 차라리 벌이었다. 나는 나를 잘 안다. 그래서 안 했다. 굳이 나의 한계를 넘어 백만장자가 되고 싶은 마음도 없었다. 혹시 어디 숨어 있는 욕망일지 몰라도 아직은 찾지 못했다.

 사십 년 동안 나는 내 마음과 제법 가까이 살아왔다고 믿었다. 그래서 흔한 이론은 나에게 잘 맞지 않았다. 시중에 나와 있는 '좋은 방법'들 중 일부는 나에게 틀렸다는 확신마저 있었다. 예컨대 글을 잘 쓰려면 책을 많이 읽고 일기를 쓰라는 조언은 나에겐 맞지 않았다. 책 읽기는 글을 받아들이는 작업이고 글쓰기는 머릿속에서 내보내는 작업이니 둘은 완전히 반대였다. 일기는 그저 메모일 뿐, 글쓰기 실력을 키우기보다는 하루를 정리하며 가볍게 기분을 달래는 연습에 가까웠다. 하루 기록이 목적이라면 핸드폰에 찍힌 사진과 메신저로도 충분했다. 게다가 요약과 메모를 태어날 때부터 못 했다.

 짧은 시간이라도 독서를 해야 한다는 조언 역시 맞지 않았다. 30분만 읽으면 덜 읽은 듯 찜찜해지고 읽은 것도 아닌 것 같아 마음이 불편했다. 못해도 두 시간 이상은 이어 읽어야 흐름을 붙잡을 수 있었다. 쓰기도 마찬가지였다. 몰입했다는 감각이 있어야 글을 썼다고 여겼기에 매일 똑같이 정해진 훈련은 오히려 큰 부담이었다. 그래서 루틴 대신 나만의 방식을 찾았다.

"쓰고 싶을 때마다 글을 쓴다는 게 말이 돼요? 출근하고 싶은 직장인이 어디에 있고 글이 쓰고 싶을 때가 어디 있어요?"

 루틴이 꼭 있어야 한다고 믿는 그분은 다소 명확하지 못한 내 대답을 듣고 되물었다. 다행히도 그런 순간은 있다. '세상에 그런 사람은 절대로 없다'는 전제 자체가 성립하지 않을 수 있다. 세상에는 '그럴 수 있냐'고 묻는 사람이 참 많고 그들은 가끔 내 앞에도 나타난다. 그리고 어떤 때는 내가 다른 이에게 그런 '불가사의한 사람'이 되기도 한다. 때로는 반대편에 끌리듯 루틴을 중시하는 사람에게 더 끌리는 나를 발견하기도 한다.

로또 당첨 확률이 팔백만 분의 일이지만 '당첨된다'와 '당첨되지 않는다'로만 나누면 확률은 이분법이 된다. 마음먹기에 따라 확률은 반반이 될 수 있고 그 정도의 가능성이라면 해볼 만하다. 반쯤의 긍정이 생기고 일주일가량의 기대감이 따라오며 주어진 일을 해낸다면 그것은 미래를 향한 성실한 준비가 될 것이다. 무엇을 믿고 선택할지는 내 마음이고 그 선택 이후의 기분 역시 내 몫이다.

계획과 루틴을 대신하는 것은 결국 노력과 호기심 그리고 그 속에 품은 소망이다. 삶에 대한 애착은 손톱처럼 자꾸 자라난다. 좀 더 재밌었으면 좀 더 부자가 되었으면 좀 더 자주 좋은 사람을 만났으면 그래서 좀 더 행복했으면.
그런데 손톱을 깎는 게 그렇게 귀찮더라고.

06 /

말을 아끼는 사람이 되어

 대부분의 시간을 노트북 앞에 앉아 혼자 글을 쓰고 고치는 데 보낸다. 글쓰기가 혼자 하는 작업이라는 사실이 나는 참 마음에 든다. 마치 투명 망토를 걸치고 세상에서 사라진 듯한 기분이다. 물론 그 장면이 영화나 드라마의 한 장면처럼 낭만적이진 않다. 하얀 커튼 사이로 햇살이 내리쬐고 짧은 반바지를 입고 머리카락이 살짝 삐져나와 흩날리며 우아하게 글을 쓰는 드라마 속 여주인공 같은 모습은 없다. 노트북에 지문을 입력하고 등은 약간 굽힌 채 쪼그리고 앉아 이 글을 쓰기 전에 무슨 생각을 했더라 하고 떠올리며 글을 이어간다.

글을 쓰는 일은 어지러운 방 안으로 들어가는 일과 닮았다. 어지럽혀진 마음과 생각을 향해 들어가 쓰레기를 치우고 바닥을 비비며 먼지를 털어내고 공간에 어울리는 책장을 놓고 선반을 마련하듯 내가 하는 말을 정리하고 배치하며 그 말을 듣는 사람을 배려하게 된다. 글도 마찬가지다.

'말을 아낀다'라는 말에는 두 가지 뜻이 담겨 있다. 실제로 내뱉은 말을 소중히 여기는 일 그리고 상대를 위해 하지 말아야 할 말을 삼가는 일이다. 함부로 내뱉지 않고 보살피는 마음은 결국 같아진다. 글을 쓴다는 건 내가 하는 말을 들여다보는 경험이다. 글을 쓰고 다듬는 과정에서 말로 전달하는 것보다 경청의 태도와 공감의 중요성을 더 절감하게 되었고 말에는 생각과 감정이 실려 있으니 말을 소중히 다룰 의무가 생긴다. 말을 아끼면서 나는 내가 얼마나 말로 타인에게 상처를 줄 수 있는 사람인지도 자각하게 되었고 그래서 천천히 돌아보는 하루를 보내고 기록할 수 있게 되었다.

글을 쓰는 사람으로서 가장 행복한 일은 단어와 문장을 아끼는 법을 배우는 것이다. 글쓰기가 내 일상이 되자 나는 자연스럽게 내가 한 말과 글을 아끼는 법을 배우게 되었다. 말을 아끼면서도 나에게 상처 주었던 사람들과는 다름을 믿고 상처받았던 말을 담담히 잊어 마음을 보듬으며 무심코 내뱉었던 후회를 소상히 다독이는 일, 내가 한 말을 아끼고 내가 만든 문장을 곱씹어 다듬는 일은 현명한 대화로 이어진다. 나만 알고 쓰는 단어 하나, 내 마음을 잘 표현한 한 문장만 있어도 쉽게 행복해질 수 있다.

  글을 쓰면 감정을 생각으로 바꿀 수 있다. 감정적이던 내가 글을 통해 하지 못했던 생각을 하게 되는 계기가 된다. 조금 더 정확히 말하면 글을 쓰고 고치고 또 고치는 행위를 반복하면서 감정 속에 숨어 있던 나도 몰랐던 생각이 드러나고 그 생각을 모으면 소신이 되고 소신이 모여 소망이 된다. 그렇게 무의식적이던 행동이 의식적인 행동으로 바뀌는 나를 발견한다. 꿈은 어릴 때 수단과 목적으로 정해 두고 평생 달려가는 게 아니다. 어른이 되어 나를 알고 세상을 알게 되었을 때 끊임없이 내 마음과 몸에 맞게 변형해 가는 것이다.

  글을 쓸 때 ChatGPT를 사용하느냐는 질문을 자주 받는다. 아마도 좋은 비서가 생겨 글쓰기가 수월해졌느냐는 뜻일 것이다. 나는 늘 전혀 사용하지 않는다고 답한다. GPT가 해주는 건 글쓰기의 첫 단계인 막 쓰기 정도다. 그런데 나는 막 쓰기 단계에서 가장 짜릿하고 자유롭다. 막 쓰기 단계가 말이라면 퇴고 단계는 책이다. 말은 GPT가 쓸 수 있겠지만 글은 내가 써야 한다. 그래서 GPT에게 말 그대로 '막말'을 맡길 수 없다. 무엇보다 손으로 종이에 줄을 치며 색색의 필기구로 꾹꾹 눌러가며 쓰는 맛, 종이책을 넘기며 문장을 손으로 더듬는 감각이 여전히 더 좋다.

 편리하지 않아도 좋다. 새로운 것들을 더 원하지 않는다. 오히려 안에서 성숙해지고 갈고 닦아 돌아볼 수 있는 말, 고민을 거듭한 사람 대 사람으로서의 대화를 하고 싶다.
 사는 게 두렵다는 건 결국 사랑하는 사람을 지키고 싶다는 말이자 미래를 준비하고 있다는 뜻이다. 그것은 공포심이 아니라 조심스러움에서 비롯된 일이다. 아꼈던 말을 글로 쓰면 일상을 둘러싼 모든 말들이 차분해진다. 귀로 듣는 말이 글처럼 들리고 욕을 들어도 마치 영화의 한 장면처럼 슬로모션으로 재생된다. 나를 비방하는 말조차도 그 사람의 상황과 기분을 먼저 생각해 보게 된다.
 앞으로도 나는 말을 아끼는 사람으로서 현실에서 한 발 물러서 나를 돌아보는 시간을 주고 싶다.

07,

성공의 존재

 성공했다는 말을 잘 하지 않는다. 일상에서 성공이란 단어도 잘 쓰지 않는다. 그러니 내 인생에 성공은 없는 셈이다. 혹시나 '성공'을 말한다면 아주 가볍고 하찮을 때, 놀이나 장난을 칠 때만 쓴다. 화끈하게 파이팅을 외치는 것처럼 아무 의미 없는 것이다. 글도 그렇다. 글을 써서 성공했으니 너도 글을 써서 성공하라고 하지 않는다. 글쓰기는 투자라는 개념이 들어가면 근본이 금방 변질되고 만다.

 나의 삶을 '성공'이란 한 단어에 몽땅 끌어다 억지로 욱여넣고 싶진 않다. 그 시간에 차라리 혼자 놀기, 여행 가기, 고독

하려 애쓰기처럼 할 일은 아주 많다. 나의 성공들은 너무 작고 소중하다. 크게 성공한 사람들의 행복을 몰라서 그렇다면 또 별 수 없다.

성공이란 단어는 시점으로 보아도 이상하다. '성공하는 중' 혹은 '성공하고 있다'는 영 어색하다. 두 문장은 오히려 준비라는 단어로 대신한다. 준비는 마음을 먹은 상태, 본격적으로 아무것도 하지 않았다는 뜻인데 그럼 자신의 길을 소신껏 밟아가는 사람은 성공 비슷한 말을 하면 안 되는 건가. 성공으로 결론 난 사람들의 이야기보다 자신의 자리에서 묵묵히 고군분투하고 있는 평범한 사람들과의 대화가 더 좋다. 성공했다는 과거형은 이제 다 끝났다는 말 같고 성공할 것이라는 미래형은 믿지 못하겠다. 그러니 지금 성실하게 살아가고 있는 사람은 모두 성공 중이다.

작가가 되고 싶었지만 회사를 다니고 돈을 벌면서 그 꿈이 잊혀졌다. 혹시나 늙고 병들어 삶의 의미를 곱씹을 때 '작가'를 간절히 원하지 않을까 생각했다. 어떻게 어렸을 적 꿈을 잊을 수 있냐고 그게 간절히 원한 것이냐고 물을 수 있겠지만 막상 현실에 닥치고 보면 꿈을 잊고도 살아진다. 꿈보다 지금 당장의 현실을 책임지는 어른이니 말이다.

작가가 되겠다는 꿈을 가지고 문예창작학과에 들어갔다면

어땠을까. 경쟁에 유달리 취약했으니 아마도 버티지 못했을 거다. 상대를 이기고 겨루어 살아남는 것이 살면서 가장 힘들었다. 아이러니하게도 삶의 기준이 되어 지탱해 준 건 회사 생활이었다. 그 속에서 적성에 맞지 않는 일을 꾸역꾸역하며 인내를 배웠고 상처받는 일도 빈번했지만 회사 생활을 하지 않았더라면 나는 쓸모없는 사람이라 자책했을 것이다. 이리 치이고 저리 치이며 기준이라고는 없었던 이십 대의 나에게 규칙적인 월급과 출퇴근, 맛있는 점심이 삶의 기준이 되어 주었다.

지름길을 가지 않고 오히려 빙빙 돌아와서 참 다행이다. 그동안 조금 철이 들어서 행복하다. 나만의 행복과 사랑을 하나씩 실현하면서 나만의 속도로 살아왔다. 그 과정에서 일어난 감정을 마주한 뒤에야 비로소 깨달은 꿈이 있다. 편안한 마음, 양심의 평안, 두 다리 뻗고 앉아도 느낄 수 있는 안도감. 나는 그 안에서 적절한 행복을 다루며 일상을 살아가려 한다. 내가 한 말과 쓴 글에 책임지면서 혹시 상처받는 사람이 있다면 진심으로 사과하면서 앞으로도 지금처럼 깊고 다채롭게 사랑하면서.

그 시절의 모든 사람들을 여전히 사랑한다. 그 시절의 나 역시 포함이다. 시절에 가둬 두었던 사람들을 아주 가끔 다시 만난다. 친구들이 기억하는 나는 편지를 잘 쓰고 잘 우는 아이였다. 우연히 만나 손을 맞잡고 여전한 건 무언지 한참을 찾고 나면 "넌 글을 참 잘 썼어"라는 말을 자주 듣는다. 그 다정한 기억에 잠시 아련히 행복해지곤 한다. 그 친구의 기억 속에 내가 어떤 모습이었는지 혹은 같은 기억을 가지고 있는지도 잘 모르겠지만 그래도 서로를 통하게 하는 행복함은 분명 있다. 시간은 지났고 우리의 교환 일기장은 사라졌다. 우리는 그저 반갑고 친구는 세월만큼 사회성이 발달했을 테다. 그저 꾸준히 글을 쓰는 나에게 하는 작은 위로뿐, 더 이상 아무런 힘도 없지만 그리워할 수 있는 추억이 있다는 건 행복하다의 다른 말이기도 하다.

죽기 전에, 장례식장에 올 사람들에게 손 편지를 써야겠다. 와 줘서 고맙다고. 당신이 왔으니 내 인생은 성공한 거라고.

08 /

깔끔한 삶은 없다

 사람들의 관심사는 늘 미래에 있다. 가깝게는 저녁에 무엇을 먹을지 누구와 먹을지가 있고 멀리 보자면 앞으로 어디에서, 어떻게, 누구와 살아갈지 얼마나 돈을 모을지가 있다.
 아직 다가오지 않은 까마득한 미래를 불안해하지 않고 싶다. 과거를 돌이킬 수 없다는 것쯤이야 당연하지. 익숙함에 속지 않아야 하며 후회해도 소용없다는 것을 이제 잘 안다.

 과거도 마찬가지다. 확실한 미래가 없듯 확실한 과거도 없다. 미래만큼 과거도 불확실하고 애매하다. 미련을 남겨도 소용없다. 과거는 그저 과거일 뿐, 지금을 만들어내기 위해 저

질러 놓은 무엇일 뿐이다. 이미 지난 일에 미련도 아쉬움도 없이 앞으로 나아가는 게 더 나를 위하는 방법이라 믿어 의심치 않는다.

과거에 대한 기억을 구체적으로 돌아보는 대신 지나간 것들은 지나간 그대로 두면 오히려 더 아름답게 기억할 수 있다. 어렸을 때 써 두었던 일기장을 지금의 내가 펼쳐보는 것처럼 과거의 나를 존중해 보는 건 꽤 괜찮은 방법이다.

앞으로 살아갈 목적과 방향이 중요하지만 그만큼 지금까지 걸어온 길과 선택도 중요하다. 사람은 하루아침에 바뀌지 않으며 과거는 되돌릴 수 없다. 그러나 과거의 선택을 통해 미래의 나를 어느 정도 예측할 수 있다. 기억상실에 걸리지 않는 한, 사람은 어제를 버릴 수 없다. 어제 만난 사람을 기억하고 한 달 전에 했던 말과 행동은 타인의 기억 속에서 사라지지 않는다.

지난날의 말과 행동은 지금의 내 말투와 분위기, 습관에 고스란히 스며들어 있다. 그렇게 쌓인 흔적들은 자연스레 주변 사람들과의 관계로 이어지고 오늘의 나를 만들어 왔다. 과거의 실수와 서툰 순간들조차 지금의 내가 서 있는 자리에 다다르기까지 필요한 과정이었다. 그렇기에 그때의 나를 부정하기보다 받아들이고 품어야 한다. 어제를 부정한다고 사라지지 않으며 내일 또한 어제 위에 세워지기 때문이다. 지나온 시간 속의 경험과 선택이 쌓여 오늘의 나를 이루었고 앞으로의 삶 역시 그 토대 위에서 펼쳐진다. 완전히 새로워진 삶을 시작할 수는 없지만 그간의 기억과 추억을 인정하는 순간 비로소 내일의 힘이 더해진다.

혹시 과거의 내 모습이 마음에 들지 않아 변화를 원하거나 지금과는 다른 삶을 살고 싶다면 익숙하지 않은 선택을 해 보자. 나라면 절대 하지 않을 선택, 지금과는 반대의 선택을 하면 된다. 우둔한 노력을 반복하기보다 완전히 다른 방향으로 죽어도 하지 않을 선택을 해 보는 것이 새로운 삶을 시작하는 데 더 효과적이다.

나와 정반대 성향의 사람을 만나면 그 사람의 생생한 이야기를 들을 수 있다. 가끔 내가 너무 좁은 인간관계를 가지고 있지 않나, 친구들과 같은 이야기를 반복하고 있지 않나 하는 생각이 들 때 나와 가장 다른 성향을 가진 사람을 만나려 애쓴다.

생각의 결이 다른 사람과 소통하기 위해 그 사람이 하는 말에 귀 기울여 보면 내가 이해할 수 없었던 삶의 철학을 간접적으로 경험할 수 있다. 함께하는 사람의 성향이 달라지면 나도 다른 생각을 하고 그에 맞춰 다른 선택을 하게 된다. 그리고 그 선택이 새로운 삶을 열어 준다.

하지만 삶을 온전하게 이어가기 위해서는 지금까지 걸어온 길을 돌아보는 것이 중요하다. 과거를 되돌아보는 것도 새로운 시작이 될 수 있다. 현재 시점에서 과거를 성숙한 시선으로 돌아보는 시간이 어떠한 체계적인 계획보다 중요하다.

어쩔 수 없다. 구질구질한 과거는 늘 나를 따라다닌다. 나이가 든다는 건 과거가 차곡차곡 쌓인다는 뜻이고 그 안에는 실수와 상처, 서툴고 요령 없는 나도 함께 담겨 있다는 것이다. 그것을 품고 살아가는 것이 어른의 무거움이다. 작은 변주만으로도 삶은 크게 달라지고 그 대가는 결국 미래의 내가 감당해야 할 몫이다.

앞으로도 평생 '오늘의 나'는 가장 어른이면서도 가장 젊은 모습이다. 예전에도 그랬고 지금도 그렇듯 앞으로도 마찬가지다. 지금의 나는 과거의 부산물 속에서 허우적거리며 미래의 나에게 신호를 보낼 뿐이다.

그만큼 넘어지고 일어나고 울고 웃기를 반복했기에 반창고 정도는 잘 붙이고 살아간다. 그래도 이 정도면 잘 버티고 있다.

09/

행복과 작가의 상생

 가족이나 친구들에게 행복하냐고 자주 묻는다. 진지한 질문을 진지한 표정과 말투로 건네면 질문을 받는 사람도 자신의 삶을 돌아보게 된다. 행복하냐는 질문 앞에서 사람들은 저마다 다른 대답과 표정을 보인다. 행복하다고 말하는 사람들은 대체로 비슷한 결을 지녔다. 목소리와 분위기, 편안하게 움직이는 눈매에서 안정감이 느껴진다. 힘들다고 말하면서도 웃음을 감추지 못하는 사람들 역시 자신만의 행복을 품고 있었다. 불만과 불평을 길게 이어 말하지 않고 부정적인 일은 단편적으로 기억한 뒤 잊을 수 있는 힘을 지니고 있었다.

반대로 요즘 행복한 사람이 어디 있냐고 되묻거나 행복했던 적이 있었는지 기억을 더듬는 사람들도 있다. 행복이 무언지 모르겠다거나 철학적인 소리 말고 돈 버는 법이나 알려 달라는 사람은 분위기 자체가 사뭇 달랐다. 잠시 공감하는 듯하다가도 이런 대화는 금세 일방적인 인문학 강의처럼 흘러버리고 졸음을 참으려 애썼다. 그러면 나는 얼른 대화를 마무리하고 가벼운 이야기로 화제를 돌렸다. 지겹고 고리타분하다 여겨 다시는 나와 어울려 주지 않을까 봐 겁이 나서였다.

　그래도 작가라 좋은 점이 있다. 일상적인 수다를 떨다가도 사랑이나 행복 같은 추상적인 이야기를 꺼내면 "너는 작가니까" 하고 이해받을 수 있다. 어떤 말을 해도 이해받는 기분은 그리 나쁘지 않다. 삶의 이유와 의미처럼 아무도 묻지 않는 질문을 글로 다뤄온 사람으로서 정답은 아니더라도 나름의 답을 찾고 경험에 견주어 보는 즐거움을 느낀다. 사람을 단칼에 손절할 수 없음을 인정하고 삶의 어떤 부분도 완전히 도려내려 애쓰지 않는다. 다만 현실을 아름답게 바라볼 눈과 마음이 내 안에 있는지 끊임없이 확인할 뿐이다.

　글쓰기의 가장 큰 장점은 기억을 미화한다는 것이다. 같은 상황도 사람에 따라 다르게 기억되는데 지난날의 기억은 시간이 지나며 더 다르게 변한다. 글로 써 내려간 경험은 차곡

차곡 포개져 영화나 다큐멘터리처럼 다시 읽히며 내 삶을 소설처럼 되돌아보게 한다.

 기억은 미화되어 나열될 때 비로소 이해가 시작된다. 이해가 쌓이면 오해가 풀리고 시간이 지나면 용서가 뒤따른다. 그것이 삶의 지혜다.
 지금이 평탄하다 해서 지난 삶이 평화로웠던 것은 아니다. 어떻게 좌절이 없겠는가. 화도 나고 슬프고 바닥을 치는 순간도 많았을 것이다. 다만 지금은 그 모든 경험을 웃으며 말할 수 있다. 내 잘못과 못난 점까지도 꺼내 놓을 수 있다. 콤플렉스를 어떻게 보완할까 고민하다가도 그 노력이 버거워 어깨가 축 늘어지는 날이 있었다. 그러나 어느 순간 콤플렉스를 감추지 않아도 괜찮음을 깨달았다. 그리고도 잘 살아지는 며칠을 보내고 하늘이 높고 예쁘다고 느낄 때쯤 콤플렉스쯤은 잊어버리는 경험을 하며 삶의 힘을 얻었다.

 대답을 유도하는 질문을 하지 않을 것, 잘못한 일에는 공손하게 사과할 것. 상처를 곱씹지 않을 것. 감정을 그대로 강요하거나 노출하지 않을 것. 마음과 이어진 표현 몇 가지만 조심해도 인간관계를 보듬어 줄 힘이 생긴다. 웃으면 복이 온다고 하고 억지로 웃으며 뇌를 속일 수 있다고 하지만 뇌와 감각을 속이는 것과 기억을 미화해 차곡차곡 보존하는 것은 다르다. 당장은 뇌를 속이더라도 나는 알고 있다. 어느 날 문득 결국 나는 안다.

작가가 되면 좋은 점이 또 있다. 막살 수 있다. 타인이 보기에 답답해 보여도 나는 나름 최선을 다해 막살고 있다. 아침에 늦잠을 자고 원하는 시간에 일어나고 배가 고프면 먹고 먹기 싫으면 먹지 않는다. 누워 있고 싶을 만큼 누워 있는 것도 가능하다. 나에게 주어진 자유가 무섭지 않고 시간을 어떻게 써야 할지 걱정되지도 않는다. 침대에 누워 과거의 글들을 다시 읽었다. 그때는 틀렸지만 지금은 맞는 글들이 보였다. 그런 글들을 지난 추억이라 생각하며 행복하게 곱씹었다.

 마흔이 되니 일상을 잔소리해 주는 사람, 지적해 주는 사람, 가르쳐 주는 사람이 없다. 가르치려 드는 사람, 잘난 체하는 사람, 나와 맞지 않는 사람, 도움이 되지 않는 사람은 이미 적당히 정리되었다. 새로운 인간관계 속으로 들어가기보다 외로움에 익숙해지며 나 자신에게 집중한다. 약간의 외로움으로 혼자임을 확인하며 안온함을 느낀다. 마흔은 그런 나이다. 고생을 사고 복잡한 수학 문제를 풀어내야 하고 우주의 섭리를 깨달아야 하는 것도 아니고 단점을 꼬집어 줄 사람을 일부러 찾아 나설 필요도 없다. 그러나 나보다 현명한 사람이 나의 단점을 지적해 줄 때 삶의 방향을 쉽게 바로잡을 수 있다.

 작가기에 편리한 점이 또 있다. 말이 통하지 않는 사람과 관계를 끊을 수 있는 좋은 방법을 갖고 있다. 자신의 의미만 던지는 일방적인 사람에게 건전하고 건강한 제안을 한다. 내가 가장 좋아하는 공간에서 솔직하고 깊은 대화를 해 보자고 혹은 무례하거나 대화가 통하지 않는 사람에게는 다음에 꼭 도서관에서 만나자고 한다. 책을 보고 공부하는 사람들이 있는 도서관에서 오로지 글로만 솔직하게 대화해 보자고 하는 것이다.

　물론 도서관이 거절을 위한 공간이라는 뜻은 아니다. 도서관은 아무 죄가 없다.

10 /

찌질한 이야기

요즘은 일을 통해 사람을 만나는 게 친구들을 만나는 것보다 더 편안하고 좋다. 일적으로 만나는 사람들은 보통 나를 '현주'가 아니라 '작가'라고 불러 준다. 대부분 책을 좋아하고 언젠가는 자신의 책을 내고 싶어 하면서 글쓰기에 대한 존중이 있다. 그럼 나는 그런 분들을 만나면서 속앓이를 꽁꽁 숨긴 채로 겉으로 그들이 원하는 말만 하면 된다.

친구들을 만나면 조금 다르다. 글 쓰는 일을 일일이 설명하면 대단하다, 열정적으로 보인다, 응원한다는 말을 듣는다. 내 눈에는 육아를 하는 친구가 대단해 보이는데 친구의 눈에는 내가 멋져 보인다고 한다. 이 일관성 없이 방향을 잃은 존중은 이제 틈이 생긴 건가 말을 하기 전에 한 번 더 생각하게 된다.

 밤새도록 술 마시고 새벽에 해장을 위해 돈가스를 먹던 시절, 아직 볼에는 젖살이 가시지 않은 앳된 모습이 어쩐지 빛을 바랜 기분이 든다. 언제는 그런 친구와의 우정이 전부라 믿었던 시절도 있었다. 아마 곧 다시 그렇게 될지도 모른다. 나를 아주 잘 아는 사람과 함께 추억에 젖어 들고 싶다가도 또 어떤 때는 잘 모르는 사람들에게 나를 더 잘난 사람으로 만들어 한껏 허세를 부리고 싶을 때도 있다.
 행복함을 추구하는 게 당연함이 되었다. 행복이 기본 값이 된 것 같다. 행복하지 않으면 살기 싫다는 식으로 삶을 자꾸 극단적인 이분법으로 생각해버리는 지도 모르겠다. 물론 세상에 행복하기 싫은 사람이 어디 있나. 그래서 행복하기 위해서 산다는 말 역시 쉽게 동의할 수 있었다. 나의 행복이 당연하며 타인의 행복 역시 당연하다. 그렇다면 모든 사람들이 행복하려 산다는 말에 염려가 되는 것 역시 어쩔 수 없다. 각각의 행복을 추구하기 위해서 행복과 관련된 경계에 마찰이 일어나지 않도록 최대한 절제하며 혼자 살아야 하는 것일까. 결국 인생은 혼자란 말이 이런 식으로 증명되는 건가.

마치 세상 모든 사람들이 나만 생각하면서 살겠다, 맛있는 음식만 먹겠다, 마음에 드는 말만 듣겠다, 상처받지 않고 좌절하지 않고 실패하지 않겠다는 선언처럼 들린다. 지금의 소망이 타인에게 행복해 보이기가 아니길 바란다. 타인보다 행복하고 싶고 남의 행복을 빼앗고 훔치고 싶고 도파민이 터지는 행복을 좇는 가짜 행복 말고 진짜 행복이 무언지 생각해 보면 좋겠다. 진짜 자신이 원하는 게 무언지 아는 사람들이 건전하고 성실하게 행복을 얻는 세상이 왔으면 좋겠다.

그런 세상에서 사람들이 모여 진득하고도 찌질한 이야기를 행복하게 할 수 있길, 좋아하는 척, 잘난 척하는 사람들의 거짓말이 들통나는 세상이 언젠간 오길 바라본다.

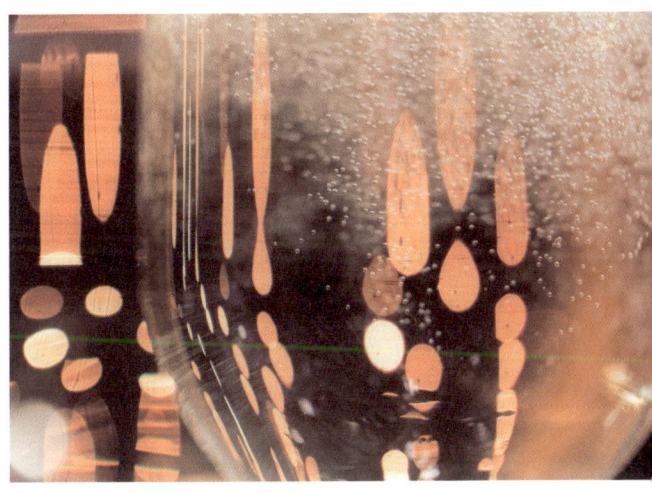

에필로그

행복을 꿈꾸며 산다는 것

언제부턴가 거울만 보면 흰머리를 찾게 된다. '나도 이제 중년이구나' 하고 느낀 어느 날, 살아 있다는 사실 자체가 낯설고 어색했다. 중년의 어른이라 불리니 주변에서 더 이상 야단쳐 주는 사람이 없다. 장점은 물론 단점까지 스스로 찾아내고 책임을 지며 의무를 다해야 하니 정신을 단단히 차리고 제대로 살지 않을 수 없다. 엄마와 아빠를 아직도 '어머니' '아버지'라 부르지 않는 것이 내게 남은 유일한 어리광 같다. 내 의지와 상관없이 복잡하고도 간결하게 요약된 하루가 반복된다. 사십 년을 반복했는데도 앞으로 더 많은 반복이 남아 있다고 생각하면 아이쿠, 남은 삶이 정말 아찔하게 느껴진다.

과잉과 결핍이 넘쳐나는 세상에서 정적이고도 고단한 글쓰기를 단호히 '행복하다'고 말할 수 있는 건 한자리에 앉아 여러 감각을 느낄 수 있기 때문이다. 고요히 정돈된 마음에서 슬픔에 이어진 기쁨을 뒤늦게 만끽하고 순간의 감정을 술술 바깥으로 흘려보낼 수 있는 관능까지. 이 모든 마음을 '글 쓰는 행복'이라 부른다. 나만의 우물 속에서 울고 웃으며 찾아낸 마음결이자 책임지고 싶은 삶의 방향이다. 산다는 건 결국 기꺼이 책임지는 마음이니 말이다.

그 마음 안에 보관된 행복으로 이어질 연결고리가 아주 많기를 소망한다. 마음 편히 걸을 수 있는 길이 여러 갈래 있기를 바란다. 세상엔 이미 수많은 말과 글이 있지만 어차피 모든 행복을 규정할 수는 없다. 내 삶은 내가 제일 잘 안다. 사랑하는 사람과 함께 마음을 나눈 경험, 둘만 아는 감각처럼 지루하게 반복되는 일상에 행복은 숨어 있을지도 모른다. 요즘은 행복도 계산하듯 정확히 분배하고 덜 주려 애쓰지만 글쎄, 계산으로 만든 노력은 금세 휘발되고 결국엔 주었던 마음만 남는다. 손해나 이익이 아니라 그 마음이야말로 가장 밑바닥에 깔려 있다. 물론 행복이 먹여 살려 주진 않는다. 결국 오장육부를 내어놓고라도 밥은 스스로 벌어먹어야 일상을 이어갈 수 있다.

책 한 권을 마무리하고 나면 이제 조금 알 것 같다. 참 비효율적인 삶을 살고 있구나, 하면서도 여전히 지금도 글을 쓰고 고치고 다시 쓴다. 그것이 내게는 가장 행복한 일이다. 책 한 권으로 세상을 바꾸거나 삶 전체를 바꿀 수는 없을지 모른다. 하지만 세상 무엇보다 소중한 삶의 밑바닥을 마주하고 그 밑바닥을 견딘 마음을 사랑하는 사람이 많아졌으면 좋겠다.

우리 마음대로 살아보자.
이왕이면 튼튼하게 사랑도 하면서.

김현주

마흔, 어떤 것도 틀리지 않았다

초판 1쇄 인쇄	2025년 11월 05일
초판 1쇄 발행	2025년 11월 12일
발행	스노우폭스북스
발행인	서진
지은이	김현주
편집	편집 1팀 윈터(설윤경)
지원	여왕벌(서진) 진저(박정아) 샤인(김완선) 노바(조아라)
교정·교열	카이(정태하)
표지·본문	켈리(박소원)
전략 지원	DK(김정현)
AI 전략	썸머(윤서하)
퍼포먼스 바이럴	리사(김민주)
홍보디자인	켈리(박소원)
텍스트 아티클	티미(문지우) 알파(김민석)
검색	형연(김형연)
제작	해니(박범준)
종이	월드페이퍼
인쇄	남양문화사
주소	경기도 파주시 회동길 527, 스노우폭스북스 사옥 3층
대표번호	031-927-9965
팩스	070-7589-0721
전자우편	edit@sfbooks.co.kr
출판신고	2015년 8월 7일 제406-2015-000159

ISBN 979-11-94966-20-3 03810

- 스노우폭스북스P는 스노우폭스북스의 브랜드입니다.
- 스노우폭스북스는 여러분의 소중한 원고를 언제나 성실히 검토합니다.
- 이 책에 실린 모든 내용은 저작권법에 따라 보호를 받는 저작물이므로 무단 전재와 무단 복제를 금합니다.
- 이 책 내용의 전부 또는 일부를 사용하려면 반드시 출판사의 동의를 받아야 합니다.
- 잘못된 책은 구입처에서 교환해 드립니다.

스노우폭스북스는 "이 책을 읽게 될 단 한 명의 독자를 바라보고 책을 만듭니다."